U0109588

古典文獻研究輯刊

十二編

潘美月·杜潔祥 主編

第4冊

孫德謙及其校讎目錄學研究

張晏瑞 著

國家圖書館出版品預行編目資料

孫德謙及其校讎目錄學研究／張晏瑞 著 — 初版 — 新北市：
花木蘭文化出版社，2011〔民 100〕
目 4+180 面；19×26 公分
（古典文獻研究輯刊 十二編；第 4 冊）
ISBN：978-986-254-397-9（精裝）
1.（清）孫德謙 2.傳記 3.校勘學 4.目錄學
011.08   100000207

ISBN-978-986-254-397-9

9 789862 543979

古典文獻研究輯刊
十二編 第四冊   ISBN：978-986-254-397-9

孫德謙及其校讎目錄學研究

作　　者　張晏瑞
主　　編　潘美月　杜潔祥
總 編 輯　杜潔祥
企劃出版　北京大學文化資源研究中心
出　　版　花木蘭文化出版社
發 行 所　花木蘭文化出版社
發 行 人　高小娟
聯絡地址　新北市永和區中正路五九五號七樓之三
　　　　　電話：02-2923-1455／傳眞：02-2923-1452
網　　址　http://www.huamulan.tw 信箱 sut81518@ms59.hinet.net
印　　刷　普羅文化出版廣告事業
初　　版　2011 年 3 月
定　　價　十二編 20 冊（精裝）新台幣 31,000 元
版權所有·請勿翻印

孫德謙及其校讎目錄學研究

張晏瑞　著

作者簡介

張晏瑞，一九八一年生，臺灣彰化縣人。臺北市立教育大學中國語文學系碩士。現為萬卷樓圖書公司、國文天地雜誌社副總編輯兼總經理助理。曾任中央研究院中國文哲研究所研究助理、台北市立教育大學中國語文學系網站管理員、智園出版公司網路專案工程師。專攻領域為經學、文獻學、專科工具書編輯學、數位典藏。著有《孫德謙及其校讎目錄學研究》、《臺灣歷史辭典補正》〈體例篇〉、《臺灣歷史辭典補正》〈版面設計篇〉、〈論文史辭典擬定體例的方法〉、〈詩經國風與小雅風格比較〉、〈臺灣地區漢學電子資料庫綜述〉等論文十餘篇。

提　　要

　　本論文探討孫德謙之生平交遊、治學方法、校讎目錄學。從歷史考察的角度，對孫德謙在現今研究者視野下的形象進行觀察。又透過學術源流角度，對孫德謙之校讎目錄學著作，加以條理、分析、考察進行縱向觀察。

　　孫氏《漢書藝文志舉例》一書，為《漢書》〈藝文志〉研究史上，首部全面歸納整理《漢書》〈藝文志〉體例之著作。此為學術史中，首部從方法論角度談方志藝文志體例者。《劉向校讎學纂微》一書，探討劉向校讎中秘書之義例和方法。此於學術史中，亦屬首創之作。可見孫氏所著《漢書藝文志舉例》、《劉向校讎學纂微》二書，在學術源流上扮演的角色。此外，近代對於校讎、校勘、校讀三者彼此間的關係，孫氏在著作中，對三者之定義、範疇、方法，做出了明確的釐清。是學術史上首位對三者做出明確界定的學者。本文分析孫德謙之治學方法、校讎目錄學之研究及校讎目錄學之思想。

　　本文採用歸納法的方式，將孫氏所舉的條例重加整理，以見孫氏校讎目錄學之整體為：一、廣義的校讎學觀點，認為校讎學即目錄學，而其中包含校勘、輯佚、辨偽、編目等工作。透過對古書義理、各種版本、上下文句、文義的分析推理，以考訂文字。二、反對過度使用考據方法，僅透過訓詁假借方式，即對古書文字做出臆改。三、編次目錄時，孫氏將目錄書分為藏書家目錄、讀書家目錄、史家目錄。孫氏認為史家目錄之體例最為完備，持論最為公平，較能表現目錄書中「辨章學術、考訂源流」的目的。孫氏透過對《漢書》〈藝文志〉體例的歸納，提出編史志目錄的原則，也就是「志為史體」的概念。四、校讎工作的實務上，孫氏佐劉承幹編校《章氏遺書》，透過對《章氏遺書》校讎特色之分析，可見孫氏校讎理論之落實在《章氏遺書》的編校當中。

　　孫氏校讎目錄學對後世之影響，從余嘉錫撰著《目錄學發微》時，多徵引孫氏之說，以為參證。此外，後人研究劉向校讎中秘書以及《漢書》〈藝文志〉之體例，亦多徵引孫氏看法。可見孫氏之校讎目錄學成果對後世之影響。

誌　謝

當彩虹跨越了天際，陽光熾得令人睜不開眼。落地窗前，午后三時一刻。今年五月，論文結束在南港梅雨季節的尾聲。

三年前，經學史課室外緊張的徘徊，開啟了跟慶彰師學習的歷程。當時，我還沒有明確的研究方向。老師給我一個研究課題——從「孫德謙」入手。因此，成為我撰寫這本論文最早的因緣。孫德謙相關的研究，目前不多見，許多文獻資料，臺灣未典藏。因此，在資料蒐集過程中，遭遇許多困難；論文撰寫時，也遇到瓶頸。這些難處，在一些善因緣的護佑下，都一一得解。首先要感謝慶彰師，他對我的照顧和訓練，讓我在撰寫論文的汪洋中，找到一塊浮木，不至滅頂。他給我的文哲所學習經驗，讓我接觸最新的漢學研究及最豐富的資料讓我眼界大開此外，要感謝論文的口考委員蔣秋華師、張曉生師，在論文計畫口試時，提供了許多意見讓我參考，指引我撰寫方向；最後的口試時，也提出寶貴意見，讓我參考修改。

特別要感謝的是張錦郎老師，在一堂沒有被老師嚇跑的課，成為我最喜歡的一門課。老師的熱情和鼓勵，以及他治學時的嚴謹和不只是細心而是細膩的態度，一直是我追求的榜樣。還有大學時的陳郁夫老師，大一時在研究室進行的電腦教學，為我的電腦能力紮下基礎。不只在論文，更在生活中，帶來了不少便利。另外，要感謝楊晉龍老師、林月惠老師、楊貞德老師、李康範老師、蔡長林老師、馮曉庭老師、張文朝老師對我的關心。同時，也要感謝袁明嶸、陳水福二位學友，在論文撰寫過程中，提供我許多寶貴的線索，且與慶彰師到大陸出差時，亦協助帶回許多珍貴資料。讓我在撰寫論文時，得到許多助益。還有陳漢傑與劉柏宏學長，由於二位的情義相挺，讓我在論

文的最後階段，能夠心無旁鶩。

此外，亦感謝誼慧、楷萱、芳如三位學姐，在論文撰寫期間，常受他們的照顧。尤其是楷萱，他的樂觀與大方，帶我熟悉並融入環境。此外，文哲所助理室的好友唯嘉、怡昱、瑋均、讚華、媛媛、如玫、莞翎、致均、霽云、婉庭，以及市教大的好友們，謝謝他們陪我度過這段時間。

最後，要感謝一直在背後支持我的家人。感謝爸爸、媽媽和妹妹給我一個幸福的家庭。有他們的關心和照顧，才有我今日的一切。謹以本論文獻給他們。

張晏瑞　謹誌

2009 年仲夏夜四分溪畔

目

次

第一章　緒　論 1

第一節　研究動機 1

第二節　研究範圍 2

第三節　文獻回顧 4

第四節　研究方法 5

第二章　孫德謙之生平及其交遊 7

第一節　孫德謙之生平 7

一、家世背景 8

二、少年求學 8

三、壯年遊幕 10

四、中年著述 11

五、晚年講學 12

第二節　孫德謙之交遊 13

一、師長 13

沈曾植 13

二、朋友 15

張爾田 15

王國維 16

陳　柱 17

王蘧常 18

劉承幹 20

鄭文焯……………………………………21

葉昌熾……………………………………22

吳昌碩……………………………………23

朱祖謀……………………………………23

吳宓………………………………………23

　　三、學生………………………………24

吳丕績……………………………………24

吳鼎第……………………………………25

　第三節　孫德謙之文人社群………………25

　　一、孫德謙與孔教會……………………25

　　二、孫德謙與亞洲學術研究會…………26

第三章　孫德謙之治學方法…………………29

　第一節　孫德謙談當時治學風氣…………29

　第二節　孫德謙之治學態度………………33

　　一、治學須客觀…………………………33

　　二、治學須務實…………………………35

　　三、治學須博精…………………………36

　　四、勿考據爲務…………………………37

　　五、勿疑古爲念…………………………38

　　六、勿膠執爲固…………………………39

　第三節　孫德謙之治學取徑………………40

　　一、治學以讀善本爲要…………………40

　　二、治學特重學術源流…………………44

　　三、治學需善類例推理…………………45

　　四、治學應求義理通達…………………47

　　五、治學應存闕疑愼言…………………49

　第四節　孫德謙談古籍閱讀法……………50

　　一、校讀法………………………………50

　　二、鈔讀法………………………………54

　　三、點讀法………………………………55

第四章　孫德謙之校讎目錄學研究…………59

　第一節　校讎目錄學研究概述……………59

　　一、何謂校讎目錄學……………………59

　　二、校讎學的發展歷程…………………60

　第二節　孫德謙之劉向校讎學研究………64

　　　　一、歷代劉向校讎學研究概述 …………………… 64
　　　　二、劉向校讎學纂微探究 ………………………… 66
　　　　三、孫氏對劉向校讎義例之研究 ………………… 70
　　　　四、孫氏劉向校讎學研究之影響 ………………… 78
　　第三節　孫德謙之漢書藝文志研究 ………………… 80
　　　　一、歷代漢書藝文志研究概述 …………………… 80
　　　　二、漢書藝文志舉例探究 ………………………… 82
　　　　三、漢書藝文志舉例之特色 ……………………… 86
　　　　四、孫氏漢志研究之價值及影響 ………………… 88

第五章　孫德謙之校讎目錄學思想 ………………… 91
　　第一節　孫氏校讎目錄學思想之淵源 ……………… 91
　　第二節　對當時編方志藝文者的批評 ……………… 96
　　第三節　孫德謙之校讎目錄學理論 ………………… 100
　　　　一、校讎目錄學之定義與目的 …………………… 100
　　　　二、校讎編目之態度 ……………………………… 103
　　　　三、目錄之種類與特色 …………………………… 105
　　第四節　孫氏校讎編目之方法 ……………………… 109
　　　　一、事前之準備工作 ……………………………… 109
　　　　二、校理一書之方法 ……………………………… 110
　　　　三、圖書編目之方法 ……………………………… 113
　　　　四、撰寫敘錄之方法 ……………………………… 119

第六章　孫德謙之校讎目錄學實務——編校章氏
　　　　遺書 ………………………………………………… 125
　　第一節　章學誠著作刊刻概況 ……………………… 125
　　第二節　嘉業堂本章氏遺書與孫德謙 ……………… 127
　　第三節　嘉業堂本章氏遺書之校讎特色 …………… 128

第七章　結　論 ………………………………………… 137

附　錄
　　附錄一　孫德謙著作暨後人研究論著目錄 ………… 141
　　附錄二　章氏遺書校記王氏校語與孫氏異語一覽表 161
　　附錄三　書影 ………………………………………… 165

參考文獻 ………………………………………………… 171

第一章　緒　論

第一節　研究動機

　　孫德謙（1869～1936），字受之，又字壽芝，號益葊，晚號隘堪居士。祖籍江蘇元和，爲清末民初海上遺老文人，也是當時負有盛名之國學家。他早年曾食餼，壯年遊幕，歷任江蘇存古書院山長、江蘇通志局纂修、浙江通志局纂修。民國成立後，移居上海，歷任蘇州東吳大學、上海國立政治大學、交通大學、大夏大學國文系教授。執教大夏期間，曾任國文系系主任。

　　孫氏一生，初承吳中學風而治經，頗受清代樸學學風影響，而喜治聲韻訓詁章句之學。後與張爾田同治章學誠書，大受感悟，又棄訓詁而治文史校讎之學，進而由流略之學創通諸子學。治諸子期間，又兼治傳記譜牒學。其學凡經三變，然其治學基礎，乃由章學誠處所繼承之六經皆史、文史校讎觀點，闡發而來。

　　孫氏治學涉獵極廣，凡文獻學、經學、史學、諸子學、文學，均有深厚造詣。孫氏早年治經，雖自謙無法會通經書大義，然以〈申章實齋六經皆史說〉一文，即可見其經學功底，孫氏並著手撰著《群經義綱》，惜未成書。史學方面，有《太史公書義法》之著作，對司馬遷撰《史記》之體例，分析甚詳。文學方面，其《六朝麗指》一書，創駢文「血脈」之說，並且主張「氣韻」，勿崇「才氣」等說法。當時論駢體者，常謂李詳爲第一，孫氏次之，二者並稱「李孫」。在子學方面，孫氏用《漢》〈志〉「流略」之學創通子學，著有《諸子通考》、《諸子要略》等書，是近代第一位從《漢書》〈藝文志〉的紀錄，來研究諸子學的學者。其《諸子通考》書中的看法，亦受到當時「新學」

領導人物胡適的關注。在文獻學方面，孫氏著有《漢書藝文志舉例》、《劉向校讎學纂微》，二書分別爲校讎目錄學史上，首部探討《漢書》〈藝文志〉體例、劉向校讎義例之著作。《漢書藝文志舉例》一書，沈曾植讀後大驚，比孫氏爲「當今之鄭夾漈」。近代文獻學家王欣夫先生於《學禮齋日記》中，亦對孫氏多方推崇。孫氏著述不僅聞名於國內，海外亦負盛名。德國人顏復禮（Fritz Jager，1886～1957），曾前往問學，並翻譯其著作爲德文。德國漢堡大學亦重金訪求其著作。日本人福田千代亦前往受教。日本宮內廳曾訪求其書，進呈天皇。日本在上海設立的海上同文書院則以重金相邀，欲聘孫氏前往講學。可見孫氏學問於當時已受到國內外重視。

目錄學於清中葉時，分爲義例派與考訂派。前者透過類例、提要、分類的體系，對學術發展情形，區分派別和源流；後者則承乾嘉遺風，對書名、行款、版本的記載，做詳細的考證。兩者治學門徑不同，治學成果各異。〔註 1〕孫氏受章學誠「辨章學術，考訂源流」說法的影響，在校讎目錄學上，屬於義例一派。孫氏所撰著之《漢書藝文志舉例》、《劉向校讎學纂微》二書，對義例派的目錄學思想，有深入的敘述。同時對考訂派編纂目錄的方法，孫氏亦提出了其看法。此外，孫氏是首位全面性歸納《漢書》〈藝文志〉體例，以及劉向校讎中秘義例之學者。其說精當，對後世有所影響。然其人之生平、交遊、治學等活動，卻少爲人所知。孫氏之校讎目錄學，目前亦尚無人深入研究。故本論文擬針對孫氏生平、治學方法、校讎目錄學，深入討論，探究其人、其學之內涵及價值。

第二節　研究範圍

孫氏之生平事蹟，吳丕績〈孫隘堪年譜初稿〉僅刊登至而立之年，便受雜誌停刊影響，未再續登。吳丕績〈孫隘堪先生年譜大綱〉、王蘧常〈元和孫德謙先生行狀〉的記錄又較爲簡略，無法詳其畢生經歷。目前研究孫氏相關的學位論文，有王益鈞《孫德謙駢文理論研究》、丁姍姍《六朝麗指駢文理論研究》，上述二研究多著重其駢文理論之分析，對其生平並未詳考。本論文針對孫氏生平，包括孫氏家世淵源、成學過程、人生經歷、行誼、交友結社、論學互動情形等，作一完整探討。

〔註 1〕 參見蔣元卿：《校讎學史》

其次，孫氏畢生喜好讀書，學術成就斐然，受清末遺老大儒沈曾植稱許及重視，以及民國新派學者領導人物胡適的稱善。日本人與德國人均有慕孫氏之學，而前往受教者。可見孫氏治學，必有過人處。孫氏嘗恨讀古書少有師資，若要有所創獲，大都需要透過苦心思索而來。對書中之意旨，難能渙然而釋，對於讀書之樂趣，自然難以怡然自得。且孫氏認為前賢所論讀書方法，往往自矜創獲，非為讀者計。對於能夠繁複條流，彌綸群言，鈎玄提要，以備後學依據者，鮮有所聞。因此，孫氏蓄積其畢生治學功力，撰著《古書讀法略例》一書，將其讀書經驗，化為五十二條條例，供後學舉一反三，觸類旁通。除撰述專書之外，尚發表〈讀古書做札記法〉、〈評今之治國學者〉、〈勸同學諸君作札記說〉……等論文數篇，指導後學讀書。故本論文整理孫氏治學方法，探究其對時人治學風氣之批評，繼而分析其治學所持之態度及具體的方法，並條理孫氏對閱讀古書所提供之方法，以見孫氏治學方法之特色。

孫氏撰著《漢書藝文志舉例》，對班固《漢書》〈藝文志〉之編纂體例，分析甚詳，書成後又感班〈志〉乃承劉歆《七略》而來，而劉歆又繼劉向校讎中秘之事，故撰著《劉向校讎學纂微》，將劉向校讎中秘之義例、方法條理分析，使後世知之。此二書於學術史，皆為首創之作，後人研究《漢》〈志〉體例、劉向校讎之事，多本其說，即有不同者，亦未脫孫氏所舉之例。本論文乃就其文本分析，探究孫氏對《漢書》〈藝文志〉、劉向校讎中秘義例之研究，進而觀其說對後來學者之影響，並論其價值。

再者，孫氏受章學誠六經皆史、文史校讎學之影響，在校讎目錄學的研究上有所收穫。校讎目錄學之定義，在學術史上有多種不同的看法。有主張校讎學外別無目錄學者，亦有校讎學中包含目錄學者，還有校讎學與目錄學不同者。章學誠即是主張校讎學外別無目錄學之學者。孫氏雖治章氏文史校讎之學，其說多受章氏影響，然對校讎目錄學之定義，孫氏則承認目錄之為學，並認為目錄學與校讎學，乃是名異而實同。對孫氏與章學誠學說繼承和歧出之關係，本論文將就孫氏著作中所提分析。

孫氏有感近人不明史志目錄體例特色，於編方志藝文志時，往往體例未純。故孫氏於《漢書藝文志舉例》、《劉向校讎學纂微》二書中，對方志目錄編輯方法，有深入的敘述，而孫氏校讎目錄學之思想亦表現於其中。本論文就孫氏文本所述，分析其目錄學態度和方法，以見孫氏校讎目錄學思想之大要。

又劉承幹編校《章氏遺書》時，孫氏佐之，出力甚夥，《遺書》有孫氏〈序〉，

自述編校之事。劉氏序《遺書》時，亦述及孫氏校讎之功。書後王秉恩〈校記〉附錄王氏與孫氏於《遺書》校讎時之論辯語。可知孫氏於《章氏遺書》之校讎，乃為要角。故本論文分析《遺書》之編校，以見孫氏校讎目錄學之實務。

第三節　文獻回顧

　　本論文以孫德謙生平交遊、治學方法及其校讎目錄學為主要研究對象。一方面勾勒其生平梗概、交友狀況及其所參與之學術性社團。另方面分析其治學方法、校讎目錄學之研究、思想、實務。因此，本研究涉及文獻有三：其一、為孫氏治學方法、校讎目錄學內容之著作，其二、為時人記載孫氏相關生平事蹟、書信往來之資料，其三、為後人研究孫氏學術之資料。

　　三類文獻，目前尚無人作一集結整理。孫氏著作之蒐集，僅有丁姍姍《六朝麗指駢文理論研究》碩士論文，附錄〈孫德謙著作及論文目錄〉。然蒐羅未全，且未收後人研究之著作。故本文乃作〈孫德謙著作暨後人研究論著目錄〉，〔註2〕透過各方工具書、期刊、文集、書信集、日記等資料之檢索，彙整此三類文獻。第一類文獻資料，目前除《古書讀法略例》有黃曙輝重新點校排版外，其於均為原刊本。第二類文獻資料，分散各處。書海茫茫，本論文先透過孫氏交友狀況、學術社群之考察，進一步檢索相關資料，主要由：《大夏周報》、《亞洲學術研究會雜誌》、《孔教會雜誌》、《宗聖匯志》、《學衡》等雜誌，及相關人物之文集、書信集、日記當中檢索。第三類文獻，則透過資料庫、相關工具書檢索。目前研究孫氏之相關著作，學位論文有香港中文大學王益鈞之碩士論文《孫德謙駢文理論研究》、江西師範大學丁姍姍碩士論文《六朝麗指駢文理論研究》；期刊論文有邱炫煜〈章學誠文史校讎學對後世的影響——以張爾田、孫德謙為例〉；柯平、許廣奎，各著一篇〈論孫德謙的目錄學思想〉；馮永敏先生有〈孫德謙先生論讀書〉一文；余崇生先生有〈孫德謙與六朝麗指〉一文。在孫德謙治學方法之探究上，馮永敏先生之著作，有較詳盡的分析，本論文對孫德謙治學方法的探討，乃參考其架構，再深入探求。柯平之著作，對孫德謙校讎目錄學亦有具體之介紹，本論文則參考其說，再勾勒孫氏校讎目錄學之研究與思想。其他關於孫德謙駢文學之

〔註2〕　詳見本論文附錄1。

研究著作，雖未在孫氏校讎目錄方面有深入探討，然對孫氏其人及學術之勾勒，亦有參考之必要。以上即本論文研究時，具體相關文獻狀況之說明。

第四節　研究方法

孫氏及其校讎目錄學，目前尚無專書或學位論文，做較大規模且深入的討論。直接相關的研究，目前僅求得期刊論文，不過數篇而已。在前人研究成果十分缺乏的情況下，本論文擬由以下幾個方向進行研究：

1、蒐集原典、整理文獻

孫氏著作，目前流通者並不多，且當時書成之後，刊印不夥，因此流傳不廣。此外，其晚年著作多為期刊論文，分散各處。因此，其著作的蒐集與整理為當務之急。研究民國時期學人，時間上雖然去古未遠，但該時期局勢動盪，又逢戰亂，圖書散佚嚴重，對於資料蒐集，十分困難。本論文透過各種工具書的檢索，以及資料庫的應用，盡可能全面蒐集孫氏著作。藉由完整原典資料的蒐集，作為研究分析的依據，所有的推論和引申，皆與原典相應，以提高主體研究的可信度。

2、考訂生平、覓其交遊

孫氏生平雖有王蘧常所著〈元和孫先生行狀〉及吳丕績所著〈孫隘堪年譜大綱〉可供參考，然〈行狀〉所述稍略，〈大綱〉所著雖詳，卻又未能刊畢，孫氏三十歲以後資料，付之闕如。本論文藉由資料蒐集及文獻整理之際，透過各方文獻之記載，考訂其生平。除對其一生概分數階段外，再分析其交遊與結社，以增補前人敘述之不足。

3、探究原典、歸納體例

孫氏著作目前已知有專書二十種，論文近八十篇。扣除不可得者，尚有專書十種，論文四十餘篇。其著作述及其治學方法者，有《古書讀法略例》一書，與校讎目錄學相關者，有《漢書藝文志舉例》、《劉向校讎學纂微》二書。此外，孫氏其他著作中，亦多有其治學、校讎目錄學之見解。因此，對孫氏著作原典，在論文撰寫期間，則一一精讀，以歸納體例，探求綱領，進而整理及闡明。

4、考辨眾說、尋求會通

既明其著作之綱領、體例，對其校讎目錄學之看法，復當詳考眾說，以

求縱觀歷史發展的趨向，以及橫向延伸當代研究的完整情形。舉凡目錄、校讎之學的看法，必就其文本，推闡與發微其學說大義，詳究始末源流，分別異同，以尋求會通。對於孫氏看法於校讎目錄學的發展具有何種價值，對於後人的實際影響爲何，均透過歸納、演繹的方式，整理前賢說法及後人實際引用情形，提出客觀的論述。

5、詳論特色、略評得失

孫氏學術博通四部，其於自輓聯中提「能通經學、能通史學、最長子學」，足可見其治學範疇之廣。且其治學態度嚴謹，特長於類例推衍，其學術可說是根基於校讎目錄學而開展。其校讎目錄學之著作，有其撰作之動機，亦有其獨到之看法。本論文於精研其說後，詳論其校讎目錄學之內涵與特色，並就相關資料，略評其學之得失，以見其於校讎目錄學史上之成就與影響。

第二章　孫德謙之生平及其交遊

第一節　孫德謙之生平

　　孫德謙，字受之，又字壽芝，小名二官，號益葊，晚號隘堪居士。孫德謙別稱甚多，大抵為同音假借，例如：壽之、隘堪、益庵、益安、益堪、益葊甫、益槲甫、俠盦、隘庵居士、益堪先生，均為其別稱。〔註1〕四益宧、四益室則為其書室名。

　　孫氏生於清同治八年（1869）十一月十六日申時，民國二十四年（1935）九月十五日，因長年胃病逝世，享年六十七歲。〔註2〕江蘇元和人，〔註3〕署名時常自稱元和孫德謙，或古吳孫德謙。二十四歲時與徐氏結婚，二十六歲生長女孫懷珍（1894～？），二十八歲生長男孫懷瑗（1896～？），〔註4〕三十六歲生次子孫懷璀（1904～？）。尚有一子孫懷瑛，吳丕績（1910～1972）編《四益宧駢文稿》時，曾協助校對稿件。〔註5〕

〔註1〕參見：尚恒元、孫安邦編《中國人名異稱大辭典》、楊廷福編《清人室名別稱字號索引》、朱寶樑編《20世紀中文作者筆名錄》。

〔註2〕部分記載孫德謙生年的資料，如：邵延淼編《辛亥以來人物年里錄》、柯愈春編《清人詩文集總目題要》、高增德編《中國現代社會科學家大辭典》……等，記其生年為同治十二年（1873）。今從吳丕績《孫隘堪年譜初稿》所錄，以同治八年（1869）為據。

〔註3〕江蘇元和即今吳縣。

〔註4〕孫懷瑗，字君玉。

〔註5〕有關孫德謙之子女，吳丕績《孫隘堪年譜初稿》中曰：「孫德謙於光緒二十年，二十六歲春二月，生長女孫懷珍。」然此稿未刊完。已刊之內容，未言孫德

一、家世背景

孫德謙先祖世居安徽，因明朝末年動亂，其先祖孫一誠，始遷往蘇州避難。落籍江蘇元和後，世代定居於此。五世祖孫瓛（1722～1792），居江蘇長洲，字公執，號澹于，別號瘦鶴山人，著有《瘦鶴山人詩鈔》，工制藝，善弈棋，其詩雅淡，氣格清高。與清初名士彭績（1742～1785）〔註6〕為表兄弟，二人皆高尚不肯出仕。曾祖父孫鶴田。祖父孫震生字敷齋，為國學生，學問廣博，兼通陰陽方伎之學。其父孫毓堅（？～1892），字逸莊，為孫震生最小的兒子，經商業鹽為生。

從孫德謙之家世可知，其家並非以書香傳承，孫氏並無深厚家學淵源。且其年幼時，家人即準備培養其經商能力，並無計畫性培養其治學。〔註7〕但孫德謙自幼即篤志念書，在伯父孫毓洙的支持下，始獲得父母親同意，繼續求學。

二、少年求學

孫德謙少年求學時，其師皆為鄉黨之士，並未師從博學鴻儒。從學期間，由於鄉黨學者開館授課並非正業，因此教師更換頻繁。孫氏六歲從高姓教師閱讀啟蒙教育書籍，並開始接觸《四書》。七歲改從朱念庵學習，十三歲讀畢《易》、《詩》、《書》、《禮》四經，十四歲從殷燦〔註8〕習讀《春秋左傳》，並學習功令文。二十歲時，孫氏補生員，於學古堂從雷浚（1814～1893）〔註9〕治小學。當時元和縣學的學使者為王先謙（1842～1918）。〔註10〕

謙何年得孫懷瑛。而王蘧常〈元和孫先生行狀〉一文中，則未著錄孫懷珍。

〔註6〕 彭績，乾隆年間蘇州長州縣人，字其凝，更字秋士，無子嗣。其族子彭紹升編有《秋士遺集》六卷，前四卷詩歌，卷五為賦敘述傳，卷六為碑銘書跋。上海圖書館藏有《秋士遺集》孫德謙鈔本一卷。

〔註7〕 「祖妣陳太恭人見朱先生，每語之曰：『二官讀書不必督之過勤，一二年間，即將使之業商也。』」吳丕績：〈孫隘堪年譜初稿〉，《學海》創刊號（1944年7月），頁89。

〔註8〕 殷燦，字春喬，金匱縣貢生。

〔註9〕 雷浚，字深之，號甘谿，室名乃有廬、學古堂、道福堂，江蘇吳縣人。為江沅弟子，以治小學著名，著有《乃有廬雜著》、《學古堂日記叢鈔》、《道福堂詩集》、《說文外編》、《說文引經例辨》、《韻府鈎沉》、《睡餘偶筆》，合稱《雷刻八種》。

〔註10〕 王先謙，字益吾，號葵園，湖南長沙人。同治四年進士，歷任編修，侍講，侍讀，國子監祭酒，江蘇學政等官。辭官後，歷主集賢講舍、城南書院、岳

　　孫德謙於學古堂時，治經、小學，並兼學詩賦。孫氏認為治學應重經世致用，因此，重視經學、小學的學習。對文學創作，並不感興趣。〔註11〕但在其友程遹師〔註12〕以「君子之學，所貴文質相宣，學貫天人，尤必潤以文章。」〔註13〕的建議下，始學文學創作。在各種文體之間，孫氏認為詩賦應重氣韻閑逸，然唐律過於僵硬，賦體則太過浮誇，故棄詩賦，而學駢、散文。孫氏又認為散文文學性較差，說理又未見長，故專心研究駢文。〔註14〕

　　孫德謙研究駢文，從李兆洛（1769～1841）《駢體文抄》中，發現李氏所選之文，有「不用虛字」、「上下句文氣不相接續」、「每聯之中必有轉合」的情形。與朱一新（1846～1894）《無邪堂答問》「上抗下墜，潛氣內轉」的說法相印證後，成為孫氏撰寫《六朝麗指》時，提出「以血脈的角度做為品評文章依據」說法之基礎。

　　二十五歲時，孫氏撰作《春秋通義》一書。針對《春秋》三傳、今古文之爭，作撥亂反正、辨章學術的工作。該書今已不存。二十六歲時，結識張爾田（1874～1945），〔註15〕並相約共治《說文解字》及《文選》之學。張爾田之父張上龢，曾送孫氏慧琳《一切經音義》一書。孫氏從該書中，輯出〈倉頡韻鏡〉等篇，進而著有《小學鉤沉續編》、《小學鉤沉補編》等書。

　　光緒二十年（1894）八月，孫氏增補《南北史》一書，著成《補南北史藝文志》一卷。是年冬天，孫氏於丁秉《補晉書藝文志》書中注腳，發現阮孝緒《七錄》佚文。當時，孫氏不知阮孝緒《七錄》早已亡佚。遍訪不得後，開始致力研究目錄學。自行蒐羅輯佚後，著成《古書錄輯存》十三卷，內含：〈劉向別錄〉一卷、〈劉歆七略〉一卷、〈荀勖中經〉一卷、〈文章敘錄〉一卷、〈王儉四部書目〉一卷、〈王儉七志〉一卷、〈王朝目錄〉一卷、〈阮孝緒七錄〉一卷、〈摯虞文章志〉一卷、〈傅亮續文章志〉一卷、〈宋明帝文章志〉一卷、〈邱淵之文章錄〉一卷、〈顧愷之晉文章紀〉一卷。二十七歲又著成《漢志藝

　　麓書院講席。著有《東華續錄》、《荀子集解》、《漢書補注》、《莊子集解》、《後漢書集解》、《元史拾補》等書。

〔註11〕參見：吳丕績：〈孫隘堪年譜初稿〉，《學海》創刊號（1944年7月），頁90。

〔註12〕程遹師，字友三。

〔註13〕吳丕績：〈孫隘堪年譜初稿〉，《學海》創刊號（1944年7月），頁91。

〔註14〕「韓柳文雖佳，而說理未見長，不如做駢文。」吳丕績：〈孫隘堪年譜初稿〉，《學海》創刊號（1944年7月），頁91。

〔註15〕張爾田，浙江錢塘人，原名采田，字孟劬，號遯盦，又號許村樵人，室名多伽羅香館。

文略》一卷。

孫德謙二十九歲時，與張爾田一同參加鄉試。赴試途中，曾以文章投質蓮池書院山長吳汝綸（1840〜1903），〔註16〕受吳汝綸來信推獎。三十歲，孫氏以無法通知經書大義，又病高郵王念孫（1744〜1832）、王引之（1766〜1834）章句之學煩瑣。故棄小學而專治諸子。〔註17〕

三、壯年遊幕

光緒二十三年（1897），孫德謙前往天津，擔任張爾田弟弟張東蓀（1887〜1873）〔註18〕之教席。次年，擔任張上龢幕僚，展開其遊幕之途。

張上龢擅駢文，每有作品必與孫德謙商榷。這對孫德謙日後駢文造詣，有重要影響。三十一歲時，孫德謙隨張上龢遷任永年縣，復與張爾田聚首，並且研究章學誠學問，嘗試以章學誠研究歷史的方法，研究先秦諸子。

三十二歲時，孫德謙出任永年縣紫山書院山長。除了教授八股文外，也教授經學，受到多位學者的稱讚。該年冬天，受兩浙鹽運使許貞幹（？〜1914）〔註19〕之邀擔任其幕僚。三十八歲時，又受電政大臣吳重憙（1838〜1918）〔註20〕延攬，至其行轅擔任其孫教席。

在遊幕期間中，孫氏往來於湖南、浙江之間。其名聲逐漸爲人所知，當時名士文人，鄭文焯（1846〜1918）、朱祖謀（1857〜1931）、吳昌碩（1844〜1927）等人，皆與孫德謙相交好。

〔註16〕 吳汝綸，安徽桐城人，字摯甫，一作摯父。同治進士，歷任知府、京師大學堂教席。爲清末古文家，爲曾（國藩）門四弟子之一。著有《桐城吳先生全書》、《深州風土記》等書。

〔註17〕 「是年，先生於經小學自艾不得大義。爲高郵一派，徒屑屑於章句，非其至。遂去經而專治百家言。」吳丕績：〈孫隘堪年譜初稿〉，《學海》1 卷 6 期（1944年 12 月），頁 95。

〔註18〕 張東蓀，浙江杭縣人，原名萬田，字聖心，筆名東蓀。早年留學東京，辛亥革命時回國。參與多項政治運動，並主編多種刊物。創辦廣州學海書院，並擔任院長。後歷任光華大學、燕京大學、北京大學等校教授。著作等身，多以西洋哲學爲主。

〔註19〕 許貞幹，字豫生。

〔註20〕 吳重憙（一作熹），山東海豐人，字仲怡、仲飴、仲懌，晚號石蓮老人，室名石蓮庵，歷任布政使、電政大臣、郵傳部右侍郎、左侍郎、巡撫，1910 年至北京供職。著有《開開老人濚水文集校札記、附錄》、《海豐吳氏文存、詩存》、《石蓮庵山佐人詞》等書。

四、中年著述

中年時期,是孫德謙著作量最高的時期,不僅著作許多專書,還參加許多學術社團。其畢生學術的代表性著作,幾乎都是在這個時期完成的。中年時期,可說是孫德謙學術活動最活躍的時期。

三十六歲時,孫德謙開始撰寫《荀卿子通義》,次年書成。又隨後撰《呂氏春秋通義》一書。在擔任吳重憙幕僚期間,孫德謙撰作《諸子要略》五十篇。返鄉後,又起草著作《二妙年譜》,歷經八年完成後由嘉業堂刊行,共二卷。

光緒末年,西學東進。梁啓超(1873～1929)、康有爲(1858～1927)等人大力推動新學。一時之間,部分士人過於推崇新學,而視舊學如敝屣。孫德謙與張爾田合著《新學商兌》以相對抗。

三十九歲,孫德謙與劉承幹(1882～1963)在吳中設立存古學堂,並且擔任協教,負責講授諸子學。爲了教學,孫德謙著《諸子通考》三卷,作爲教材。孫德謙在存古學堂講學三年後,辛亥革命,武昌軍起。於是結束存古學堂的講學生活,隻身前往上海。

民國元年(1911),孫德謙撰寫《金史藝文志》、《吳彥高年譜》二書,並且在上海加入沈曾植(1850～1922)、梁鼎芬(1859～1919)〔註21〕所創立的孔教會。四十九歲時完成《漢書藝文志舉例》一卷。五十歲時,吳縣修《縣志》,聘請曹允源(1855～1927)〔註22〕擔任總纂,孫德謙爲協纂。孫德謙乃制訂《吳》、《長》、《元》三縣志條例,共二十六條。五十三歲那年,汪鍾霖(1867～?)〔註23〕、鄧彥遠在上海創辦亞洲學術研究會,並發行雜誌,由孫德謙擔任總編輯。同時,孫德謙也參與劉承幹《章氏遺書》的編纂。同年,撰成《六朝麗指》一卷。五十五歲,撰成《劉向校讎學纂微》一卷。

〔註21〕梁鼎芬,廣東番禺人,字星海,又字伯烈,號節庵學者稱節庵先生,諡文忠。光緒進士,歷官多年。曾參與強學會,主筆《昌言報》,反對康梁變法。辛亥革命後以遺老自居,曾參與張勳復辟,著有詩文集,輯有《端溪叢書》、《經學文抄》。

〔註22〕曹允源,江蘇吳縣人,字根蓀,號復盦,室名囂字齋。光緒進士,官至光祿大夫。辛亥革命後,出任江蘇圖書館館長,吳縣修志局主任。有《復盦文集》、《復盦類稿》、《復盦公牘》、《囂字齋詩略》。

〔註23〕汪鍾霖,江蘇吳縣人,字岩徵,號甘卿,一號蟠隱。光緒舉人,曾任職上海《字林報》、駐奧使館參贊,創辦蒙學公會,發行《蒙學報》。辛亥革命後,先後擔任張勳、馮國璋幕僚,晚年定居南京,著有《九通分類纂要》、《贛中寸牘》等書。

民國十三年（1924），直系軍閥齊燮元（1879～1946）為奪取皖系軍閥盧永祥（1867～1933）控制的上海，爆發齊盧戰役。孫氏舉家遷至上海白克路的房子。隔年，因上課需要，撰寫《中國外交學》若干卷，《古書讀法略例》六卷。五十八歲，撰成《太史公書義法》二卷。

這個時期，孫德謙的學術名氣，已傳至海外學界。五十六歲那年，日本人福田千代，透過西本省三的介紹，至上海求授《墨子》一書。日本宮內省也訪求孫德謙著作，以進呈天皇。歐洲方面，德國人顏復禮則來求授《漢書藝文志》。六十二歲於大夏大學講學之際，德國漢堡大學亦匯鉅款求購《太史公書義法》，並由該校中文部翻譯成德文講授。

五、晚年講學

孫德謙晚年，主要都在大學講學中度過。最早是在民國十四年（1925），張君勱（1887～1969）將他所管理的國立自治學院，〔註 24〕在教育總長章士釗（1881～1973）的同意下，改名為國立（吳淞）政治大學。〔註 25〕孫德謙在此開課，當時他五十七歲。

民國十六年（1927），國民黨北伐軍攻陷上海，停辦國立（吳淞）政治大學。民國十七年（1928）9 月，又在張君勱的介紹下，孫德謙以六十歲之齡，至大夏大學擔任國學教授。當時大夏國文系系主任為陳柱（1891～1944）。陳柱當時擔任大夏、暨南二大學中文系系主任，兼課時數過多，於是部分課程轉由孫德謙教授。

民國十八年（1929），上海交通大學聘孫德謙為教授，當時張爾田為上海交通大學中國文學系主任。民國二十年（1931）夏天，張爾田辭交大主任一職，陳柱前往接任，並辭去暨南、大夏大學系主任職務。孫德謙則代理大夏大學國文系主任，而後轉為實任。至民國二十三年（1934）夏天，始以多病辭去主任一職。

孫德謙晚年罹患胃病，不能多食，且經常失眠。由於營養不足，加上休

〔註24〕 國立自治學院，前身為中國公學。

〔註25〕 國立（吳淞）政治大學，與目前在臺灣的國立政治大學，並無實際相關。國民黨軍隊進入上海之後，以國立（吳淞）政治大學不念國父遺囑，將其停辦。轉而成立中國國民黨黨校「中央政治學校」，並接收國立（吳淞）政治大學圖書。（參見〈張君勱是誰？〉（八），於「中國民國張君勱學會網站」：http://www.carsunchang.org.tw/carsun08.html。）

息不夠，時常發作，發作時劇痛不能自已，但孫德謙仍敬業樂道，登壇授課。每次搭人力車到學校，必需由人攙扶，比登，喘息頻頻，方能至教室上課。然而從未缺課或遲到，課間偶有病情發作，仍不肯休息。學校商請顧名暫時代課，以便孫德謙就醫。孫氏以「祈死已久，拼此殘生」為由婉拒。

民國二十三年（1934），張君勱與張東蓀在粵系軍閥陳濟棠（1890～1954）的支持下，在廣州創辦學海書院，推崇國故，試圖恢復傳統書院制度，以彌補當時大學教育的疏失。民國二十五年（1936），因陳濟棠失勢，該書院被迫結束辦學。據部分資料顯示孫德謙曾擔任廣州學海書院教席，依當時他的健康狀況推斷，應無法真正前往廣州任教。

民國二十四年（1935）春天，孫氏病情漸重，時常徹夜不能成眠。但仍心繫故朝、家國，不只哀痛滿清亡國，更感嘆中華遭受日本的侵略。至死前仍大談國事，而不及私。孫氏常感嘆畢生無法改變國家亂象，只能坐觀國家淪亡為憾。〔註26〕同年，九月十五日孫氏病逝於上海愛文義路九百號自宅。

孫德謙死後，大夏大學於十二月十五日（星期日）下午二時，在上海中山路該校群賢堂 212 教室，舉辦追悼儀式。其家族於十二月二十七日上午十一時，於上海新聞路設弔舉辦公祭。孫氏藏書有一千八百四十七冊，包含石印本百餘種，皆為國學珍本，悉數由大夏大學圖書館廉價購入庋藏。

第二節　孫德謙之交遊

一、師　長

沈曾植（1850～1922）

沈曾植，字子培，別字乙庵，晚號寐叟，浙江嘉興人。光緒六年（1880）進士，曾主刑部、總理各國事務衙門章京。歷任員外、郎中、知府、督糧道、鹽法道、提學使、布政使、巡撫等官。民國成立後，積極尋求復辟機會。民國六年（1917）年七月一日，張勳（1854～1923）於北京擁護溥儀（1906～1967）復辟，沈曾植主要參與人物之一。復辟期間，擔任學部尚書，為晚清

〔註26〕「予平生無尺寸枋，可藉以行識，足以知亂源，而唯坐視其日即於淪胥漸滅以盡，此予之大痛也。」「辛未松滬之役，亂中相見，其言尤痛，予知先生非第痛其故國而已。」王蘧常：〈孫隘堪先生哀辭〉，《大夏周報》12 卷 9 期（1935 年 12 月），頁 179。

遺老文人之首。民國十一年（1922），因病逝世，享年七十八歲。

　　據孫德謙自述，孫氏是經張爾田的引介，於民國二年（1913）五月，至上海沈氏寓所拜會。〔註 27〕然在此會面之前，沈氏便已囑託朱祖謀尋機介紹二人相識。〔註 28〕當時，沈氏正與梁鼎芬於上海創辦孔教會，希望邀請孫德謙入會。〔註 29〕

　　孫德謙與沈曾植之交誼，於輩分上是師生，但實際上則屬師友。二人從相識到沈氏過世間，時常相與論學。沈曾植對孫德謙讚譽有加，稱孫德謙為著作家，並以「今之章學誠」譽之。〔註 30〕孫德謙亦以沈曾植為知己，〔註 31〕並與張爾田一起，為沈氏刊刻《乙卯詩集》一書。〔註 32〕

　　沈曾植晚年寓居上海，雖漁隱為號，然未忘情時事。孫德謙由於久任幕僚，加上沈曾植曾任學部尚書，於文人中地位較高。因此，孫德謙常擔任沈曾植與外界活動的中間人。例如：沈曾植曾為丁孟餘謀職一事向劉承幹關說，即透過孫德謙進行。〔註 33〕此外，沈曾植如欲撰稿刊行，亦多由孫德謙代向

〔註 27〕　「歲在癸丑，月維夏五，余偕張子孟劬謁其寓廬。」孫德謙：〈跋陳柱尊所藏沈子培先生與康長素手札〉，《學術世界》1 卷 8 期（1936 年 1 月），文苑，頁 94。

〔註 28〕　「先生（沈曾植）嘗屬朱彊村侍郎，謂余苟來滬，必為紹介。」孫德謙：〈跋陳柱尊所藏沈子培先生與康長素手札〉，頁 94。

〔註 29〕　「中華民國元年壬子四十四歲：是年家居著《金史藝文志》、《吳彥高年譜》，時梁文忠公鼎芬、沈子培尚書創孔教會於滬，邀先生入會。」吳丕績：〈孫隘堪年譜大綱〉，《大夏周報》12 卷 9 期（1935 年 12 月），頁 188。

〔註 30〕　「有他客至，無論為余識或不識，先生語之曰：『著作家，今之章實齋。』」孫德謙：〈跋陳柱尊所藏沈子培先生與康長素手札〉，頁 94。

〔註 31〕　由《沈曾植年譜長編》中所錄孫德謙事，記孫德謙與沈曾植長談者，為數甚夥。而孫德謙在為西本省三《大儒沈子培》一書之〈序〉文中，亦提及「歲在癸丑，余見之於寓廬。先生若以余為可言，十載之中，與之並坐談藝，獲益良多。每至白日西傾，先生猶不使余去。余歷數平生知己，以先生為第一，蓋深感之。」西本省三：《大儒沈子培》（上海市：春申社，1928 年 8 月），孫德謙序，圖版，頁 4～5。

〔註 32〕　〈王國維致羅振玉札〉：「此老才疏志廣，今之文舉。尺牘之文，語妙天下。項其《乙卯詩集》已由張孟劬、孫益庵為之刊成，二人各為一〈序〉，大約年內可以出書，即當寄奉。」轉引自許全勝：《沈曾植年譜長編》，頁 456。

〔註 33〕　沈曾植商請孫德謙事，見〈與孫德謙書〉：「項為老友丁君事商之翰怡，倘談及，幸借噓籍。」轉引自許全勝：《沈曾植年譜長編》（北京市，中華書局，2007 年 8 月），頁 445。此事為劉承幹所婉拒。見《求恕齋信稿》〈致沈子培〉：「承見丁孟餘年丈，尹公取友，必屬端人，重以雅誼，尤當遵聘。奈敝處校勘一席，久苦人浮於事，長河地小，無以位置高賢，有負盛情，良用欠悚。

劉承幹轉達，如：沈曾植擬撰《四史弁言》一書，即由孫德謙傳訊給劉承幹，再由劉承幹向沈曾植接洽。〔註34〕除此之外，孫德謙亦是沈曾植交際宴客時的座上賓。如：沈曾植宴請富岡謙藏（1873～1918）〔註35〕前，便函邀孫德謙作陪。〔註36〕此類事者甚多。

　　沈曾植過世後，孫德謙除代表浙江通志局同仁，撰〈江蘇通志局同仁公祭沈乙盦尚書文〉，以祭沈曾植在天之靈外，並撰輓聯「天不遺此老，拯斯民。大義在三空，傳心磬。我以哭其私，溯知己。平生第一應，輟牙琴」，〔註37〕以記錄二人情誼。更爲沈曾植整理《海日樓文集》二卷，然該書今已亡佚。〔註38〕

二、朋　友

張爾田（1874～1945）

　　原名采田，字孟劬，晚號遁堪，又號許村樵人，浙江錢塘人。其學問受浙東學派影響甚深，學識淵博，在經、史、子、詩、詞、佛學均有研究，尤其服膺章學誠之學。爲國子監監生、順天府舉人，歷任刑部主事、江蘇省知府。民國成立之後，專事著作，常爲《孔教會雜誌》、《大公報》、《學衡》等雜誌撰稿。並參與纂修《清史稿》、編修《浙江通志》。曾歷任北京大學、北京師範大學、中國公學、上海光華大學、北平燕京大學、哈佛燕京學社研究

好在長者時與孫君益庵良晤，一爲詢及當知任並非故違鈞令，而藉端推諉也。」轉引自許全勝：《沈曾植年譜長編》，頁445。

〔註34〕《求恕齋信稿》〈致沈子培〉：「據益庵先生傳述尊意，允撰《四史弁言》，一經品題，聲價十倍，感撰其有既耶？並述長者日冀文興颺舉，飭將《四史》考覈板本、行款、列目呈覽，俾可起草。」轉引自許全勝：《沈曾植年譜長編》，頁473。

〔註35〕又名富岡桃華、富岡益太郎。

〔註36〕〈與孫德謙書〉：「富岡君，叔韞之友，曾到翰怡處觀書，公當已與晤面。明日一鐘擬約小酌，奉請作陪，早臨爲盼。」轉引自許全勝：《沈曾植年譜長編》，頁445。

〔註37〕轉引自西本省三：《大儒沈子培》，頁20。

〔註38〕「沈氏尚有《海日樓文集》二卷，爲孫德謙所整理。孫歿後，沈氏門人王蘧常復加編定，其篇目載《沈寐叟年譜》。沈慈護家有清本，王君亦藏有抄本。新中國建立後，慈護以沈氏遺著包括文集在內，全部捐獻浙江圖書館。四兇肆虐時，慈護已歿。前數年，我派學生到浙圖查看《海日樓文集》，該館細查不復得。又索諸王家，不見此書。問諸沈氏後人，亦茫然不知。現在只能將詩詞整理問世，保存此文獻，不致湮沒。」錢仲聯：《沈曾植集校注》（北京市：中華書局，2001年12月），上冊，前言，頁7。

部教席。著有：《新學商兌》〔註39〕、《史微》、《清列朝后妃傳稿》、《玉溪生年譜會箋》、《蒙古源流箋證》、《遯堪文集》傳世。

張爾田與孫德謙相交於中東路事件發生後，張爾田父親張上龢返回元和故居時。當時二人皆為少年，日日相處為學，情感深厚。孫德謙於科舉考試的表現並不順利。有相當長的時間擔任張上龢的幕僚，並且擔任張爾田弟弟張東蓀的教師。其間與張爾田共治章學誠著作而深受感悟，乃盡棄訓詁章句之學而致力文史校讎學。庚子、拳匪之亂後，二人轉而研究諸子之學。由於二人篤信章學誠的文史校讎的說法，因此孫德謙透過《漢書》〈藝文志〉的分類、敘錄，來創通諸子。〔註40〕研究諸子期間，二人又兼研究「譜牒」、「義例」之學。

光緒三十三年（1907），孫德謙、張爾田在吳中創辦存古學堂，孫德謙襄理校務，張爾田則擔任學堂庶務長。民國創立後，學堂停辦，二人客居上海，講學上庠。在上海時期，張爾田與孫德謙與清末遺老相往返，並一同知見於沈曾植，形成以沈曾植為首的「海上遺老文人集團」。

張爾田與孫德謙相交四十年，彼此之生涯、志趣、學行，早期以張上龢為中心，晚期以沈曾植為主要的繫聯。兩人學問上的不同處，在小說、佛書、譜詞三方面，三者均為孫德謙所不喜，而為張爾田所潛研。孫德謙死後，張爾田與陳柱一起為孫德謙奔走喪葬事宜，更多方設法為他刊行文集，並覆刊二人合著之《新學商兌》，作為哀輓之作，也作為永久的紀念。〔註41〕

王國維（1877～1927）

字靜安，初號觀禮，後號觀堂，諡忠愨。浙江海寧人，早年在上海就讀東文學社，後來留學日本。返國後，執教於南通、蘇州師範學校。後至北京，

〔註39〕與孫德謙合著。

〔註40〕「二人本篤信章實齋，習於流略，遂於《漢》〈藝文志〉發悟創通，自唐以後，言諸子而能本於《漢》〈志〉者，實自吾二人始。」張爾田：〈論學書五首〉，《學術世界》1卷8期（1936年1月），頁91。

〔註41〕孫德謙死後，張爾田與陳柱為他奔走喪葬事宜，記載在《學術世界》1卷8期（1936年1月）、1卷9期（1936年3月），張爾田與陳柱的論學書信中。信中除交辦治喪事宜外，還敘述他與孫德謙之遇合梗概，以及略敘孫德謙學術。從信中所言「益葊遺稿甚多，其駢文必傳，擬為之整理，《諸子通考》體例未純，《要略》則當孤行，此皆我輩後死之責矣」，以及張爾田在〈與馬公愚教授論刊孫益庵教授文集書〉中所言：「吾儕今日最大之責，無過於某刊遺書」等言，可知張爾田將刊行孫德謙著作文集，視為己任。

研究宋詞、元曲。辛亥革命後，從事甲骨文、考古學研究，後受聘爲清華研究院教授，民國十六年（1927）自沉於頤和園昆明湖。

　　王國維與孫德謙相交是經由張爾田的介紹。當時王國維甫從日本返回上海，居吳淞江畔。經張爾田介紹，認識孫德謙，再透過孫德謙的介紹，認識沈曾植，進而與沈曾植展開密切的學術往來。沈曾植曾稱孫德謙、張爾田、王國維三人爲「海上三子」，並且做詩「三客一時雋吳會，百家九部共然疑」記此三人之事，更稱此三人爲「學人」。〔註42〕雖然如此，但三人的治學路數，卻有不同。因此，王國維與孫、張二人之間，交情並不深厚。〔註43〕王國維曾在給羅振玉的書信上批評孫德謙爲「硜硜鄉黨自好之士」，又批評孫氏《漢書藝文志舉例》，「全書毛舉細故，殊無心得」。對於張爾田則說「張君才氣盛於況（況夔生）、孫（孫德謙），而心事殊不可知。」認爲張爾田才氣勝過孫德謙，但對張氏就聘纂修《清史》，則是王國維心中的芥蒂。孫德謙與張爾田對王國維的治學，也頗有微詞。在〈評今之治國學者〉一文中，孫德謙所指涉的對象，似乎針對著王國維。張爾田在〈與王靜庵論今文學家書〉中，亦曾提醒王國維注意治學的方法。

　　雖然三人在治學路數上不同，但王國維兼通各國方言文字，爲學務必求眞的態度，亦極受孫、張二人看重。彼此往來論學，無三日不見。當時討論駢文者，往往將李審言與孫德謙並稱爲「李孫」以李氏居首，孫氏其次。王國維則認爲，李審言過於雕藻，只知有句法而不知有章法。孫德謙得流宕之氣，應在李審言之上。孫德謙因此時常以此自喜。〔註44〕

陳　柱（1891～1944）

　　一名繩孔，字柱尊，號守玄，廣西北流人。二十歲時前往日本留學，返國後曾參與革命活動，並加入國民黨，不久後淡出政治活動。曾任廣西省梧

〔註42〕「常同謁沈子培尚書，尚書爲之倒屣，謚曰『三君』。尚書詩所謂：『三客一時雋吳中，百家九部共然疑』者也。尚書初見先生書，及驚謂爲今之鄭夾漈。又嘗云：『海上詩人多而文人少，文人多而學人少，君與王、張，眞無愧爲學人矣。』王蘧常：〈元和孫先生行狀〉，《大夏周報》12卷9期（1935年12月），頁187。

〔註43〕羅振玉之子，羅繼祖曾撰文敘述孫德謙、張爾田、王國維三人之關係。他說：「觀堂於孫、張交本落落，亦由於治學途術不同，故也。」羅繼祖：〈海上三君〉，《社會科學戰線》1980年4期（1980年4月），頁214。

〔註44〕參見：王蘧常：〈元和孫先生行狀〉，《大夏周報》12卷9期（1935年12月），頁186～187。

州第二中學校長，後來講學上庠，任大夏大學、暨南大學、光華大學、交通大學教授，並擔任前三校國文系主任，晚年任南京中央大學校長。有《陳柱尊叢書》〔註45〕、《公羊家哲學》、《諸子概論》、《中國散文史》、《待焚文稿》等書傳世。

陳柱與孫德謙認識於民國十七年（1928），當時陳柱擔任大夏大學國文系主任兼暨南大學中國語文系主任。孫德謙在張君勱的介紹下，至大夏大學任教。陳柱將大部分課程讓予孫德謙，二人成為同事，每每相見必討論學術。二人曾共同反對朱子的「淫詩說」，也曾為古《詩》是否僅有三百篇，進行反覆的討論。〔註46〕

民國十八年（1929）秋，交通大學聘張爾田為中國文學系主任，孫德謙為教授。陳柱在孫德謙的介紹下，結識張爾田，三人時常往來論學，彼此相知甚深。過去沈曾植嘗譽孫德謙、張爾田、王國維三人為「海上三子」，王國維投湖自沈後，三子缺其一。在陳柱加入論學後，孫德謙曾對陳柱、張爾田二人說「今可復稱三友」，〔註47〕可見三人交誼。孫德謙死後，陳柱曾以「文追乎六代，學貫乎群經」〔註48〕譽之。

王蘧常（1900～1989）

字瑗仲，號明兩，別號端六，晚號欣欣老人。以遽常、王蘧、籧常、籧常，見行於當時刊物，其書室名有：繼明軒、四照堂、窈窕軒、明兩廬、珠朗樓、仰韶樓等，浙江嘉興縣人。原籍安徽休寧，先祖於明末避亂於嘉興。十八歲，拜沈曾植為師，學習書法和詩學。十九歲，考入無錫國學館，拜於唐文治門下，始遍研群經及宋明理學，受其影響最深。二十一歲，從曹元弼

〔註45〕 「1929 年由上海中華書局出版，共收著作四十三種。按《陳柱尊叢書》之題名，曾擬《三書堂叢書》、《守玄閣叢書》，後卒用此名也。」張京華、王玉清：〈陳柱學術年譜〉，《廣西社會科學》2007 年 2 期（總 140 期）（2007 年 2 月），頁104。

〔註46〕 孫德謙認為「朱子淫詩之說，最所不信，嘗於《古書讀法略例》言及之，頗以為朱子之賢，猶未善讀書。」與陳柱反對朱子淫詩說的立場相同。而當時陳柱引用《墨子》「誦《詩》三百、弦《詩》三百、歌《詩》三百、舞《詩》三百」之說，認為古《詩》不只三百篇。孫德謙則認為不然。（詳見陳柱：〈記孫益安先生〉，《大夏周報》12 卷 9 期（1935 年 12 月），頁 181。）

〔註47〕 「吾與孟劬、王靜安昔為三友，今靜安既沒，又與君為三友矣。」陳柱：〈記孫益安先生〉，頁 182。

〔註48〕 陳柱：〈祭孫益庵先生文〉，《大夏周報》12 卷 9 期（1935 年 12 月），頁 179。

學習《儀禮》。二十六歲，在上海從梁啓超研究諸子之學。

　　孫德謙與王蘧常相識於民國十九年（1930），王氏就讀無錫國學館時。〔註49〕初識時，孫德謙僅知王氏爲沈曾植弟子，後來得知王氏與王國維相聞後，則大樂，引爲忘年交。王蘧常曾取史料、出土文獻加上羅振玉、王國維等人的考證，撰作《夏禮可證稿》二卷。王國維以此稿見示孫德謙，並以「爲王三代」稱讚王氏。

　　後來，孫德謙與王蘧常一同授課於大夏大學，朝夕相見，時常往來論學。王氏子學受教於梁啓超，其著作《諸子學派要詮》與孫氏《諸子通考》旨趣相同，惟王氏在書中著重訓詁，而孫氏治子學則看重大義。孫德謙爲其書作〈序〉時，以其書有「客觀不涉己見」、「折衷諸家之說」、「補太史公書之闕」之優點。〔註50〕

　　王蘧常就讀國學館時，曾撰作紀傳體《秦史長編》初稿，後因軍閥戰亂而亡於兵燹，僅剩殘卷。王蘧常將其補寫後，曾送請孫德謙指教。孫德謙見此稿，大爲驚喜，以「《秦史》斷代，兩千年來無作手，一若留以待君者」讚之，並爲其書作〈序〉。〈序〉中以「八善」稱之：

> 其一、驅遣百家，殆同部勒；其二、無徵不信，言必有據；其三、申理秦君臣枉屈，而能功過不相掩；其四、採擇諸家銓正，不間新舊；其五、多取地下材料；其六、〈人表〉據故創新，使時代顯然，事賅文省；其七、舊史積習，掃地刮絕，隱然欲立史家新範；其八、文章爾雅，於〈后妃傳〉，尤見矜慎。〔註51〕

孫德謙當時已臥病，但仍對其書細加審閱，並以口授的方式，請學生吳丕績筆錄，爲之作〈序〉。孫氏臨命之前囑附王蘧常爲其墓銘，並請以「貞士」書之，以顯其遺民之志。〔註52〕死後王氏每憶及此，無不唏噓流涕。

〔註49〕「蘧常識先生在庚午歲，知先生爲尚書弟子，而又嘗與徵君太守相聞也。」王蘧常：〈元和孫先生行狀〉，頁187。
〔註50〕王蘧常：《諸子學派要詮》（上海市：上海書店，1987年12月），孫德謙〈序〉，頁1。
〔註51〕王蘧常：《秦史》（上海市：上海古籍出版社，2000年12月），孫德謙〈序〉，頁1。
〔註52〕孫德謙曾對王蘧常言：「予死，君銘墓，必大書曰貞氏，則于目冥矣。」又說：「予慕劉子政固，其學然。然子政能訟國家隱憂於未亂之前，拳拳忠愛，爲尤不可及也。予生平無尺寸柄可藉以行識足以知亂源，而唯坐視其日即於淪胥漸滅以盡，此予之大痛也。」王蘧常：〈孫隘堪先生哀辭〉，頁179。

劉承幹（1882～1963）

字貞一，號翰怡，別號求恕居士，吳興人。爲守舊派的遺老文人，曾中秀才，並補內務府卿銜。民國以後，參與沈曾植所主持的《浙江通志》編纂的工作，還曾參與《清史稿》的編纂。其祖父劉鏞，以經商爲業，而成爲豪富。但重視子女教育，其子劉錦藻爲進士出身，歷任內閣侍讀學士、浙贛鐵路副總經理等職。

由於劉承幹出身傳統文化家庭，因此自幼即對歷史感興趣，擅長古籍版本之考據，加上龐大祖業做爲奧援，因此畢生以刻書、藏書爲業。劉氏爲了藏書、刻書，往往不惜成本巨資。因此他的收藏有許多內閣大庫的秘籍，而他刊刻之圖籍，往往質量均佳，在學術上有相當高的價值。

劉承幹在藏書與刻書的過程中，結交了一批文人學者。這些文人在劉承幹以協助刻書的號召下，形成「嘉業堂文人集團」。這些學者，大多與沈曾植有師友關係，故成員與「海上遺老文人集團」有部分重疊。其中有藏書家，如：傅增湘、沈曾植、勞乃宣、葉德輝、章梫、錢念劬、劉廷琛、蔣如藻等人，爲劉氏提供刊刻意見，或提供刻書底本。文獻學家，如：葉昌熾、繆荃孫、楊鍾義、董康、孫德謙等人，爲劉氏鑑定版本、整理目錄、校讎編纂圖籍。文學家，如：朱孝臧等，爲劉氏校勘補正詞籍的出版。書法家，如：吳昌碩、鄭孝胥等，爲劉氏藏書或刻書書寫題簽。圖書館友人，如：馮煦、張宗祥等，則提供刻書材料。其他學者，如：羅振玉、王國維、吳慶坻、吳士鑑、胡適等人，則爲文章道誼之交。〔註53〕

孫德謙與劉承幹之間的關係，可以從刻書事業、文人活動、時事參與三方面來看。孫德謙對劉承幹刻書事業最大的貢獻，應是協助劉氏刊刻「章學誠全集」《章氏遺書》。當時沈曾植藏有「章學誠全集」的手稿本，內容較當時刊行的《文史通義》多出數倍，爲海內孤本。在孫德謙從中勸進及推薦下，該書得以由劉承幹刊刻行世。〔註54〕

〔註53〕文中所述胡適爲新文化運動的代表人物，不屬於劉承幹所屬的晚清遺老集團。此外，劉承幹之交遊，可參見李性忠：《劉承幹與嘉業堂》（北京市：文物出版社，1994年6月），頁50～68。

〔註54〕《求恕齋日記》：「晴。午後……與孫益庵同至子培處，談至晚而歸。伊藏有《章實齋全集》稿本，較《文史通義》多出數倍，向未刻過。實齋著述此爲最足，益庵勸予刻以行世，予允之。今見子培，伊謂：『此書予向極寶貴，從不假人，今閣下可刊，盡可取去，予不禁爲實齋慶也。』」轉引自許全勝：《沈曾植年譜長編》，頁455。

在文人活動上，劉承幹個性豪爽好客，凡得珍本、秘本藏書，或有刊刻樣書，必邀宴同好一齊觀書，孫德謙常爲座上賓。〔註55〕在政治活動上，劉承幹爲晚清遺老集團的一員，對維護清廢帝在民國時期的福利，不遺餘力。孫德謙等文人也時常參與這些活動。如：民國十一年（1922），眾議員李慶芳等人提案「廢棄優待皇室條件及撤銷帝號」，當時劉承幹與沈曾植等人便謀劃應對此事。最後由孫德謙擬稿，致電張勳及柯劭忞，謀求解決辦法。〔註56〕兩人曾應沈曾植之邀，參與編纂《民國浙江續修通志稿》，〔註57〕擔任浙江通志局纂修，關係密切。

鄭文焯（1856～1918）

幼名豫格，字俊陳，號小坡，又號叔問，字號江南退士，別號瘦碧，晚號大鶴山人，奉天人。先世爲鄭康成後裔，居高密縣通德里，自九世祖始遷至關東，故署名均自稱山東高密人。光緒舉人，曾任內閣中書，曾與孫德謙講學於江蘇存古學堂。精通書畫、金石、醫學、音律，爲晚清著名詞家，蔡元培曾聘其爲北京大學教授，但未就。晚年以賣畫、行醫爲生。著有《比竹餘音》、《詞源校律》、《醫故》、《高麗國永樂好大王考釋文纂考》，並有全集

〔註55〕此類交際活動甚多，謹以《求恕齋日記》在 1914 年 1 月 1 日所錄爲例。《求恕齋日記》：「余是日在家宴客。所邀之沈子培方伯早已至矣，未幾，楊芷畊來，均在新齋坐。余出所購宋元槧本，請彼討論之。據子培云，余與費氏所購之《史記》爲海內孤本，若以影宋刊之，可以壓倒一切槧本矣。須臾，均至。久待而菜未至，詢之則誤送老宅，而健弟是夕邀宴紀仲景師及陳益三先生，已經入席。乃復遣人至小有天催之，至八旬鐘始入席，散後與禮堂、益庵長談。」轉引自許全勝：《沈曾植年譜長編》，頁 390。

〔註56〕《求恕齋日記》：「晴。午後閱報。葉伯皋、鄭蘇戡、王雪岑、朱古微、王聘三、惲季申、瑾叔、陶拙存、王叔用、羅子敬、王靜庵、章一山陸續來，會議對付眾議員李慶芳、駱繼漢廢棄優待皇室條件及撤銷帝號，（報紙所載以國會於八月一號成立，即今日也。據蘇戡云，李慶芳向皇室索一百五十萬，如不與，即提議此案，駱繼漢附和之。）公議致電徐菊人世昌，推蘇戡擬稿；公函致張少軒勳、柯鳳孫紹（劭）忞，推益庵擬稿。沈子培以腹瀉未至，古微、靜庵特往商之此事，極表同情，允列名在前。」轉引自許全勝：《沈曾植年譜長編》，頁 513。

〔註57〕1914 年，浙江設立通志局編修通志，聘請沈曾植主持，擔任總編纂，下設編纂、分纂、採訪等人員。主要在《雍正浙江通志》的基礎上續修。1919 年浙江通志局解散，《通志稿》散落各處，後由浙江圖書館將《通志稿》補抄完成，但並未刊行。關於《浙江通志》的刊行始末，詳見劉平平：〈館藏浙江通志述略〉，《中國地方志》2005 年 5 期（2005 年 5 月），頁 42～46。

傳世。

孫德謙跟鄭文焯相識，是在光緒二十八年（1902），蘇州張上龢家的聚會。與會的人有廣西金武祥（字溎生），以及高密鄭文焯（字叔問）。二人與孫德謙見面後均互相傾慕，金武祥以所著〈灘江雜記〉有請孫德謙作序。此後，鄭文焯與孫德謙往來密切，其所撰《墨子故》內容與孫德謙有諸多討論。

葉昌熾（1847～1917）

字頌盧、菊農、鞠裳，長州人。少時就學於正誼書院，爲馮桂芬高足。光緒十五年（1889）進士，歷任編修、國史館總纂，會典館纂修、國史館提調、甘肅學政、存古學堂總教席等職務。清亡後以遺老自居，精於版本、目錄及校勘之學，並以藏書爲事，多存明、清文集及宋、元刊本，著有《藏書紀事詩》、《語石》等書。並參與編撰《清史稿》〈儒林傳〉、〈文苑傳〉，兼修《武備圖說》。

葉昌熾與孫德謙相識，最早可推至擔任存古學堂教席時。民國二年（1913），在繆荃孫的居中牽線下，葉昌熾結識劉承幹。此後加入劉承幹的藏書、刻書行列，他幫劉承幹鑑別古籍，確定收購價格，並校勘刊刻書籍。此時，孫德謙也擔任幫劉承幹校勘書籍的工作。他們時常由劉承幹做東，以書爲媒介聚會，共賞奇書，並加以品評。〔註58〕

〔註58〕此類活動在《緣督盧日記》中甚多，謹以 1917 年 6 月 4 日所錄爲例。《緣督盧日記》：「聞鈍齋至滬，寓三馬路中新旅館。夔一、益庵約同造其寓。翰怡亦於今晚設觴招之，約陪坐。迺今晨盥沐未竟，而鈍齋已先至矣。夔一亦在益庵齋共談。過午飯後，又同至孟蘋處觀書畫。老夫衰病，未能從。休息至晚，赴翰怡之約。鈍齋外，尚有佩鶴、子培、彊村、履棪、夔一、益庵，賓主共九人。出宋刊書共賞，《竇氏聯珠集》最精，有『顧大有藏』印，又有『百宋一廛』及『菀圃藏書』諸印。錢叔寶手抄《華陽國志》，南宋刻《尚書·孔傳》附釋音重言重意本，其次趙善璙《自警編》、眞西山《大學衍義》元明間刊本，聞皆藝風老人物，欲歸翰怡而諧價未成也。夔一又出周公謹《草窗韻語》兩冊，孟蘋以千五百元得之，可謂高價，亦可謂尤物。紙墨鮮明，刻畫奇秀，出匣如奇花四照，一座盡驚，子培稱之爲妖書。卷首有己丑秋朔曹溪禪民弘道題『○○法物』四大字，末又有同時題記（己丑八月朔）。稱『髭行者』當是一緇流，在明中葉，藏印累累。『石磵書屋』，有元人俞玉吾印，又有『張雯』、『子昭』兩印。明有『都穆』、『元敬』、『朱承爵』、『存儋』、『朱存理』、『朱堯民』、『華夏』諸印。摩挲久之，觸手古香，令人心醉，不獨世無著錄爲希有奇珍也。客散已深昏。」葉昌熾：《緣督盧日記》（臺北市：臺灣學生書局，1964 年 12 月），頁 66b-67a。

吳昌碩（1844～1927）

　　本名吳俊卿，字昌碩，以字行，浙江吉安人。同治八年（1869）進士，曾任江蘇省安東縣知縣，爲「西泠印社」的創辦人。晚年定居上海，後世譽爲「海上畫派」，在清末民初的畫壇上，地位甚高。其畫風形成「吳昌碩流派」，影響齊白石、潘天壽等人。著有《缶廬詩存》、《缶廬印存》、《吳昌碩畫集》等書。吳昌碩是在光緒二十九年（1903）時，依資歷補缺至吳中擔任縣丞。在張上龢家中與孫德謙相識。吳昌碩十分推崇孫德謙，曾經請孫德謙爲他的詩作〈序〉，並且曾撰寫「石鼓集聯」贈與孫德謙。

朱祖謀（1857～1931）

　　原名孝臧，字藿生，一字古微，號漚尹，又號彊村，浙江省歸安人。光緒九年（1883）進士，歷任會典館總纂、江西副考官、禮部右侍郎、吏部侍郎、廣東學政。民國成立後，隱居海上，著述以終。工詞曲，與況周頤、王鵬運、鄭文焯合稱爲「清末四大家」。校刻有《彊村叢書》，輯有《宋詞三百首》、《湖州詞徵》三十卷，《國朝湖州詞錄》六卷，《滄海遺音集》十三卷。光緒三十一年（1905），朱祖謀辭去廣東學政的職務，歸居蘇州故里時，經由鄭文焯的介紹，與孫德謙認識。張上龢也跟朱祖謀相識，三人時常見面，往來密切。在辛亥革命後，居住在上海。因劉承幹的關係，維持著密切的往來。

吳宓（1984～1978）

　　字雨僧、雨生，筆名餘生，陝西涇陽人。畢業於北京清華學校，赴美攻讀新聞學、西洋文學。歷任南京高師、東南大學、東北大學、清華大學、西南聯大、燕京大學、四川大學、武漢華中大學、廣州嶺南大學、西南師範學院教席，爲首批教育部部聘教授之一。曾主編《學衡》、《武漢日報》〈文學副刊〉等刊物，著有《吳宓詩文集》、《空軒詩話》等專著。

　　吳宓與孫德謙的定交，在民國十二年（1923）九月。當時《學衡》稿件缺乏，吳宓致函孫德謙，請求協助籌措稿件，獲得孫德謙熱心慨允。孫德謙將其主編《亞洲學術研究雜誌》停辦後的餘稿，轉交吳宓，並且允諾爲《學衡》撰稿。得到孫德謙的幫忙，吳宓特地前往上海拜訪孫德謙。一方面感謝，另方面討論《學衡》的發展。民國十二年（1923）九月三日，吳宓在劉承幹的引介下，與孫德謙見面。孫德謙又介紹張爾田爲《學衡》撰稿。吳宓此行，不僅取得孫德謙應允的稿件，更獲得孫德謙、張爾田的協助，答應長期寫稿。

在日記中，吳宓盛讚孫、張二人的學問，佩服二人不重考據，著重義理，從經史爲本，探求中國文明的一貫學問。並有相見恨晚之慨。〔註59〕

三、學　生

吳丕績（1910～1972）

原名丕悌，後改爲丕績，號偉治，別屬雲間偉治，筆名斐爾，室名双梧館。曾入浦東中學、大夏大學、暨南大學就讀。1940 年，執教於交通大學中文系，後歷任臨時大學、震旦大學、暨南大學、無錫國專等校講師、教授。1949 年後，任教於復旦大學。

吳丕績就讀大夏大學時，從孫德謙學習，是孫德謙的入室弟子。孫德謙爲王蘧常所撰《秦史》的〈序〉文，即是由孫德謙口授，吳丕績筆錄。〔註60〕吳丕績在大夏就讀一年後，轉學考入暨南大學。但在孫德謙過世前，二人仍有密切的書信往來。〔註61〕

吳氏曾與孫德謙共同整理《海日樓文集》二卷。孫德謙過世後，吳氏著有《孫隘堪年譜初稿》，並與孫懷瑛整理孫德謙文集《四益宧駢文稿》。後著有《江淹年譜》、《鮑照年譜》、《汪悔翁乙丙日記糾繆》、《原籍》等著作。王蘧常爲其《江》、《鮑》二譜作〈序〉時，認爲二譜，體例雖仿之顧棟高《司馬溫公年譜》，但由於江、鮑二人，史跡無幾，因此吳氏著作之精神，較顧氏難能可貴，故以「績學能文」讚之。〔註62〕

〔註59〕對於孫德謙的學問，吳宓在日記中寫道：「二先生確係學術湛深，議論通達，品志高卓，氣爲淳雅。其講學大旨在不事考據，不問今古文及漢宋門戶之爭，而注重義理。欲源本經史，合覽古今，而求其一貫之精神哲理，以得吾中國文明之眞際。其所言皆條理分明，詁解精當，發人深省。」隨後又道：「今又恨不早二十年遇孫、張二先生，則不至游嬉無事，虛度光陰，而國學早已小有成就。及今始知之而悔之痛之，亦命也夫！」吳宓著、吳學昭整理：《吳宓日記》（北京市：生活・讀書・新知三聯書店，1998 年 5 月），頁 250。

〔註60〕孫德謙序文末，署名：「乙亥春，元和孫德謙口授門人吳丕績筆錄，敬以奉序。」王蘧常：《秦史》（上海市：上海古籍出版社，2000 年 12 月），孫〈序〉，頁 2。

〔註61〕「近師生道替，授受頻年，相視瞠目若不復識，有心者每深致慨。先生於出校轉學之同學，偶有一長，眷眷每難自己！廣西譚君丕績在大夏一年，考入暨南，曾託名爲致書郵，殷勤答其問，而連睊蹈其進，長篇累札，且有未遞及者。青簡方新而哲人已姜，讀劉孝標與秖陵令書，不自覺其涕泗漣而也。」顧名：〈悼孫德謙先生〉，《大夏周報》12 卷 9 期（1935 年 12 月 13 日），頁 183～184。

〔註62〕王蘧常：《南朝宋鮑明遠先生照年譜》（臺北市：臺灣商務印書館，1982 年 10

吳鼎第（1914～今）

字調公，筆名丁諦，以字行，江蘇鎮江人。民國三年（1914）生，民國二十四年（1935）畢業於上海大夏大學。大學期間曾從孫德謙、孟森二先生問學，並開始研究李商隱詩及《昭明文選》，後從劉大杰學習小說和散文創作。

1955 年起，於南京師範大學中文系任教，歷任講師、副教授、教授。現為中國作家協會會員、中國古代文學理論學會理事、中國《文心雕龍》學會理事、中華詩詞學會理事、《文藝理論研究》編委、江蘇省美學學會會長。其著作有《李商隱研究》、《與文藝愛好者談創作》、《文學分類的基本知識》、《古典文論與審美鑑賞》、《古代文論今探》、《談人物描寫》、《論文學的真實性和黨性》、《詩歌神韻論放談》、《文學學》、《公安派選集》、《竟陵派選集》、《中國古代文學美學資料類編》。

第三節　孫德謙之文人社群

一、孫德謙與孔教會

民初孔教運動的產生，一方面延續清末尊孔保教的思潮，另方面受民初法令、宗教等多種因素促成。在時代背景方面，孔教運動涉及政治運作、新舊文化思維、新舊思想角力等問題。從政治角度來看，孔教運動與民初帝制復辟，有錯綜複雜的關係；〔註 63〕從文化思維來看，孔教運動是在西學衝擊下，儒學面對社會需求所作的適應；〔註 64〕從思想角力來看，孔教運動與新文化運動彼此間，為了解決問題，而產生相互批駁與責難。〔註 65〕因此，孔教運動的成因，一直被視為相當複雜的問題。而「孔教會」組織的成立，則是孔教運動下的產物之一。孔教會成立前，已有許多尊孔組織成立。〔註66〕這些組織的成立，對孔教會的成立與發展，有催化的效果。

月），〈序〉，頁 1～2。

〔註63〕孔教會的主要成員，多與民初帝制復辟有關聯，因此對於孔教運動，在歷史及學術上，產生較多不同的看法。相關研究可參見韓華：《民初孔教會與國教運動研究》（北京市：北京圖書館出版社，2007 年 12 月），頁 255～264。

〔註64〕參見蕭公權：《近代中國與新世界：康有為變法與大同思想研究》（南京市：江蘇人民出版社，1997 年 4 月），頁 106。

〔註65〕相關研究可參見參見韓華：《民初孔教會與國教運動研究》，頁 273～287。

〔註66〕參見：韓華：《民初孔教會與國教運動研究》，頁 72～74。

（一）孔教會與孔教會雜誌

民國元年（1912）春，沈曾植即計劃成立「孔教會」，並與相關人物舉行數次討論。〔註67〕到了七月三十日，由於臨時教育部宣布「廢經罷祀」的規定。爲了因應此事，康有爲致函陳煥章，力促著手進行「孔教會」成立事宜。十月七日，由陳煥章、沈曾植、朱祖謀、王人文、梁鼎芬、陳三立、張振勛、麥孟華、陳作霖、姚文棟、沈守廉、姚丙然、沈恩貴爲發起人，在上海成立全國孔教總會。成立當日，便決定辦理刊物《孔教會雜誌》，作爲組織發聲的管道，也作爲該會最高言論機關。〔註68〕一方面宣傳孔教總會的方針，並且指導各地推展孔教運動；另方面報導各地尊孔活動及反映各地尊孔輿情。充分表達該會傳播孔教，昌明儒教的宗旨。

（二）孫德謙與孔教會雜誌

《孔教會雜誌》創刊於民國元年（1912）二月，編輯部設在上海海寧路1789 號，由陳煥章擔任總編輯。民國二年（1913）十一月二十六日，會務擴大至全國。因此總會遷至北京，《雜誌》亦遷至北京出版，但編輯部仍設在上海。由於總編輯陳煥章已隨總會至北京任職，因此上海編輯部的事務，改由孫德謙、張爾田負責。

該雜誌共編了十三期，採月刊形式出版。在紀年上，使用民國紀年，兼採孔子誕辰紀年。內容分：圖畫、論說、講演、學說、政術、專著、歷史、傳記、譯件、叢錄通信、文苑、時評、書評、孔教新聞、各教新聞、本會紀事，十六個專欄。所刊文章不支稿費，會務、編輯亦屬義務，不支薪水。孫德謙在《孔教會雜誌》創刊時，便於該雜誌發表文章，前後共發表三十二篇。內容涵蓋：推廣孔教文章，如：〈孔教大一統論〉、〈孔子受命立教論〉；經學文章，如：〈易爲商周之史說〉、〈論讀經之必要〉；諸子學文章，如：〈諸子要略〉；譜牒學文章，如：〈櫻山段氏二妙合譜序〉、〈段遯庵先生年譜〉。

二、孫德謙與亞洲學術研究會

亞洲學術研究會，是沈曾植與汪鍾霖、鄧彥遠等人，在民國七年（1918）

〔註67〕 相關事宜在〈本會紀事・總會〉，《孔教會雜誌》1 卷 1 號（1913 年 2 月），以及許全勝：《沈曾植年譜長編》中多有述及。
〔註68〕 〈本會紀事・總會〉，《孔教會雜誌》1 卷 5 期（1913 年 6 月），頁 1。

所共同發起創立的。民國六年（1917），沈曾植參與圖謀的復辟運動，僅運行數天便宣告失敗。因此，沈曾植認為：要復興亞洲，必須先復興儒術；要復興儒術，就必須設立經科大學；要設立經科大學，就必須先設立亞洲學術研究會。〔註69〕由於以研究亞洲學術為主，故以亞洲學術研究會為名。

（一）亞洲學術研究會之宗旨與活動

亞洲學術研究會成立的主旨是希望透過孔子經典的教化作用，透過研讀六經，以俾益亞洲人的性情、政治、道德、法律、禮俗、和平、教學、文化。

該會主張奉行六條宗旨：「主忠信以修身、尊周孔以明教、敦睦親以保種、講經訓以善世、崇忠孝以靖亂、明禮讓以弭兵。」，以期對當時中國的亂象，作撥亂反正的努力。

該會主要的活動，以舉辦「講書會」和「發行會刊」為主，設有事務處、款務處、文報處。所舉辦的講書活動，並不對外開放。每月舉辦「講書」活動二到三次，講者為會員，聽眾也以會員為對象。會員入會資格有十分嚴格的審查，例如：必須在三十歲以上，且治學的宗旨、學派不得違反該會主旨，且須有發起人介紹信才得入會。如非會員，想參與該會所舉辦講書會者，需有兩位以上會員的介紹信，才能夠列席旁聽。必須成為會員之後，才能夠參與討論。

（二）孫德謙與亞洲學術研究會雜誌

《亞洲學術研究會雜誌》創刊於民國十年（1921）八月，總編輯為孫德謙，編輯部設在上海。原先規劃以月刊形式出版，但實際發行採季刊形式。四個月出刊一期，共出刊四期。

該雜誌刊登的對象，以會員文章，以及講書會內容為主。亦歡迎非會員，但認同該會主張的人士投稿。雜誌分圖畫、論說、專著、文苑、叢錄、本會紀事、譯稿七個專欄。「論說」刊登研究亞洲舊有學術的文章；「專著」刊登作者已經成書，但未經刊行，或已經刊行，但流傳未廣的，分期收錄；「文苑」刊登學者傳記、論學信札、序、跋之類文章，文體不拘；「叢錄」刊登隨筆記錄文章、時事文章，其內容與該會所關注論題有關者；「本會紀事」收錄與該會有關的消息、報導。「譯稿」收錄當時學者論文的英譯本，或是傳統古籍的

〔註69〕參見：王蘧常：〈嘉興沈寐叟先生年譜初稿〉，《東方雜誌》26卷16號（1929年8月），頁63〜74。

英譯,以便和西方各國學者在學術上互相交流。〔註70〕

　　孫德謙除負責編輯事務外,也在《亞洲學術研究會雜誌》上發表論文。所發表的文章,包含專書、學術論文、論學書信、序跋等。專書有《諸子要略》,分三期刊登;《四庫提要校訂》,僅刊登一期,之後雜誌停刊,未能刊完。學術論文以經學為主,有:〈中國學術要略〉、〈中國四部書闡原〉、〈六經為萬世治法其實行自漢始論〉、〈存倫篇補義〉、〈儒家道術於時屬夏故其教重學而明禮說〉。亦發表諸子學,如〈諸子通考序〉;史學,如:〈史權論〉等文章。文學方面有:〈吳郡駢體文徵序〉、〈與王方伯論駢體書〉、〈復李審言論駢文書〉、〈巢貞女傳論〉等文章刊登。在雜誌停刊後,孫德謙尚留有許多存稿。這些存稿,改於《學衡》雜誌發表。〔註71〕

〔註70〕〈本會紀事〉,《亞洲學術研究會雜誌》1 卷 1 期（1921 年 8 月）,頁 1～8。

〔註71〕參見:吳宓著、吳學昭整理:《吳宓日記》（北京市:生活・讀書・新知三聯書店,1998 年 5 月）,頁 249。

第三章　孫德謙之治學方法

第一節　孫德謙談當時治學風氣

　　清末民初，社會變化動盪，中、西、新、舊學交雜作用，對學術文化的發展，碰撞出許多新的看法。桑兵描寫此時期的治學風氣說：

> 社會變動的加劇加速，使得學術取徑由先因後創轉向推陳出新，標新立異成爲嘩眾取寵以致眾從的有效手段，學術難免偏離正道常軌。〔註1〕

除了學術取徑的推陳出新外，桑兵認爲新舊派學者在治學上，還牽涉到新學者與舊學者之間觀念的分歧。他認爲這些分歧，至少有三點可以討論：

> 其一，中國的固有學術，究竟是安身立命的所在抑或僅僅是單純客觀的學問。其二，考據能否作爲治學的旨歸。其三，中國固有學術是否只是一堆散漫的材料，能否用西學的系統來重新條理。〔註2〕

對於當時的學術風氣，孫德謙在〈評今之治國學者〉一文中，仿照鍾嶸《詩品》，將當時學者做一評品，認爲：

> 昔鍾嶸《詩品》分爲三等，吾謂今之治國學者，試一加評品，亦不能越乎三者以外。三者爲何？曰：「好古」、曰：「風雅」、曰：「遊戲」。
> 〔註3〕

孫德謙將當時學者分類爲：「好古之古董家」、「竊附風雅之林」、「本於遊戲之

〔註1〕　桑兵：《晚清民國的學人與學術》（北京市：中華書局，2008年3月），頁2。
〔註2〕　桑兵：《晚清民國的學人與學術》，頁213。
〔註3〕　孫德謙：〈評今之治國學者〉，《學衡》23期（1923年11月），通論，頁1。

事」三種。對於「好古」者，孫氏形容其治學：

> 得一古器焉，晨夕摩娑，詮釋文字，若殷之龜甲，周之毛公鼎、散
> 氏盤，以及漢鏡、晉碑，且視經典爲貴矣。……得一古碑焉，詳其
> 輿地，考其職官，有爲前史所要刪者，謂可定史文之闕誤矣。……
> 得一古籍焉，宋刻元刊，計其行款，辨其紙色，倘編次部目，極至
> 藏棄之源流，亦必具圖印以爲證，而於此書之意指，則無所知也。
> 〔註4〕

孫氏認爲「好古」者，過度看重古器物、舊拓本的學術價值，專注於考訂其
間文字，過度沉迷於尋找證據以示人，且試圖據「遺史」資料的發現，來推
翻「正史」。〔註5〕在古書的態度上，又過度講究其版本、形式，反而忽略書
中義理的推闡。孫氏認爲，此類學者的治學態度，較近乎「古董家」對古董
收藏的態度。

對於「風雅」者，孫氏認爲：

> 吾觀昔之爲詩詞者，吟詠性情，長於諷諭，有風人陳古刺今之意。
> 即論近世，其一二名家，要不離乎是，然而不多得也。或良辰佳節，
> 或登山臨水，莫不出其篇章，以自命乎風雅。甚者，趨承顯要，而
> 借以交聯聲氣，下至倡優卑賤之人，公然投贈而不之顧。……又有
> 少不知書，平昔未一握管，并詩詞而不能爲。特其處境豐裕，一室
> 之中，羅列珍笈，法書名畫，亦復藏之篋衍，以備美觀。〔註6〕

孫氏認爲，古人作詩詞，往往隱含「諷人」、「陳古」、「刺今」的意旨。對當
時學者僅將詩詞，用在交遊唱和上，孫氏頗不以爲然。對當時文物收藏家，
孫氏亦多持鄙視之意。認爲收藏古籍文物，是將古書當作裝飾品來看待，故

〔註4〕 孫德謙：〈評今之治國學者〉，頁1。
〔註5〕 孫德謙曾在《國學叢刊》中，對王國維治學提出他的看法：「睹一古器，獲一
　　　 舊拓，詳加考訂，弟總嫌其穿鑿而無關宏誼。有時獨標新解，如釋史、籀二
　　　 字，不作字體說。人且據之以推翻許叔重矣。爲學而不守亭林，『信古闕疑』
　　　 之旨，一任我之顚倒失實，於人心風俗，亦大有關係」孫德謙：〈孫益庵論學
　　　 三書〉，《國學叢刊》1卷3期（1923年9月），通訊，頁115～116。張爾田也
　　　 曾致函王國維說：「讀書得間，固爲研究一切學問之初步，但適用於古文家故
　　　 訓之學，或無不合，適用於今文家義理之學，則恐有合有不合。何則，故訓
　　　 之學，可以目論，可以即時示人以論據，義理之學，不能專憑目論，或不能
　　　 即時示人以證據故也。」張爾田：〈與王靜庵論今文學家書〉，《學衡》23期（1923
　　　 年11月），文苑文錄，頁3～4。
〔註6〕 孫德謙：〈評今之治國學者〉，頁2。

以「竊附風雅」視之。

　　對「遊戲」者，孫氏認爲：

> 小說詞曲，非學之先務矣。今則不然，能文之士，樂爲小說。湮沒
> 不言，任其驅染，而誨盜誨淫，在所不計。不知以吾一時遊戲之作，
> 其間敗壞風俗，而遺害人心者，何可勝言。昧者不察，猶謂小說之
> 書，感人最易，豈不悖乎。……亦以此本遊戲之事，非關學問也。
> 乃明知其爲遊戲，偏欲誇大其事，謂曲者國粹之所存。夫國粹固若
> 是其小乎？……做此遊戲者，時有所聞。〔註7〕

孫氏此論是他對文學研究的偏見，與治學無關。究其言下之意，可知孫氏認
爲治學必須講求「經世致用」，認爲必須先學能夠致用於世的學問，即「六經」，
而非小說詞曲。顧頡剛認爲孫德謙這輩學者，是將治「國學」，著眼在「應用」
上，而非單純「就學問作學問」。〔註8〕孫德謙自己也說：「學問之事，當思出
而用世，裨益於民人社稷，非特以讀書爲專務也。」〔註9〕從〈評今之治國學
者〉一文，即可見孫氏對中國固有學術的看法，是將國學視爲安身立命的所
在，而非單純學術研究。

　　在當時的治學風氣中，新派學者提倡用科學的方法整理國故，並且鼓吹
以考據作爲治學方法。孫德謙說：「彼以漢學家言，而謂：『合於科學方法者，
則考據之學是也。』」〔註10〕當時「非考據不足以言學術的空氣」瀰漫整個學
術界，這點造成部分舊派學者的反彈。唐文治即認爲「讀書需求實用，不必
斤斤於考據。」〔註11〕孫德謙亦認爲：

> 凡有志於學者，當探索其義理，而尋章摘句，繁稱博引。要爲不賢
> 識小，所貴乎考據者，豈詹詹在此哉？乃世之崇尚考據者，奉高郵
> 爲大師，如既得其門，不必升堂而入室，侈然號於眾曰：「國學之止
> 境，在於是矣。」夫國學而僅以考據當之，陋孰甚焉。〔註12〕

〔註7〕　孫德謙：〈評今之治國學者〉，頁2。
〔註8〕　顧頡剛：〈1926年始刊詞〉，《北京大學研究所國學門周刊》2卷13期（1926
　　　　年1月），頁1～3。
〔註9〕　孫德謙：《古書讀法略例》（桂林市：廣西師範大學出版社，2006年3月），自
　　　　〈序〉，頁1。
〔註10〕　孫德謙：〈評今之治國學者〉，頁3。
〔註11〕　唐文治：〈唐蔚芝先生演講錄‧孟子大義〉，《國學論衡》7期（1933年12月），
　　　　講壇，頁13～18。
〔註12〕　孫德謙：〈評今之治國學者〉，頁4。

孫德謙除反對當時學術圈將「考據」視為治國學的「科學方法」外，對於當時好以先秦諸子學說附會歐美思想的風氣，不以為然。他說：

> 乃世之治墨學者則異矣，其始牽合於聲光諸學；近且有〈天志〉也，則遷合於天主之教；有〈尚同〉也，則牽合於大同之義。不問其有當與否，亦非志在表彰，但取其書以牽合附會，肆我橫議而已。〔註13〕

對於當時學者，隨意附會西方學說的情形，梁啓超在《中國近三百年學術史》中亦言：

> 清末三四十年間，清代特產之考證學，雖依然有相當的部分進步，而學界活力之中樞，已經移到「外來思想之吸受」。一時元氣雖極旺盛，然而有兩種大毛病：一是混亂，二是膚淺。〔註14〕

面對這個新、舊學派互相爭嶸之際，孫氏窮其畢生治學之積力，撰著《古書讀法略例》一書。孫德謙撰著此書，他自言大旨乃「為前哲則在辨誣求真，為後賢則在息疑牖智」。〔註15〕其撰著動機，一是對前人論學，往往自矜創獲、自陳功力的反動。他說：

> 嘗見昔賢之論讀書訣矣，往往自矜創獲，未足與人共喻，又如半日讀書、半日靜坐之說，只以陳說其功力，至於書之若何誦習，或兩書所載，其文與事無不從同，而意義則判然各異，諸如此類，條流實繁，能彌綸群言，鉤玄提要，以備潛修之彥得所據依者，則概乎未有聞也。〔註16〕

二者是對俞樾《古書疑義舉例》，僅求字句的解釋，不能對義理有所會通的遺憾。他說：

> 俞蔭甫太史撰有《古書疑義舉例》，分別部居，固足自闢戶牖而有軌轍之可循矣，然僅求之一字一句，猶是不賢識小，無能觀其會通，心焉憾之者久矣。〔註17〕

三者是在他的治學過程中，孫氏深感「每有開悟，泰半皆由沉思苦索而來」。因此恨讀古人書少師資，以至於勞而少功。他說：

〔註13〕孫德謙：《古書讀法略例》，頁47。
〔註14〕梁啓超：《中國近三百年學術史》（臺北市：里仁出版社，1995年2月），頁37～38。
〔註15〕孫德謙：《古書讀法略例》，自序，頁2。
〔註16〕孫德謙：《古書讀法略例》，自序，頁1。
〔註17〕孫德謙：《古書讀法略例》，自序，頁1。

余常恨讀古人書少所師資，使無敏悟之功，積疑於懷，必不能怡然
而煥然。而晚生末學，苟非爲之通閉解滯，俾一隅三反，須待其能
自得師，勢將童而習之，白紛如也。此班孟堅所以有勞而少功之說
乎。〔註18〕

由於孫德謙對昔賢自矜創獲之感、俞樾之書不足之憾、讀古人書少師資之恨等
原因，因此撰作《略例》一書，陳說其治學態度。一方面對前人看法作出批評，
另方面則鋪陳己說，爲後學解惑釋疑，同時對當時治學風氣，作出撥亂反正的
建議。全書分六卷，共五十二例，每例下先略述定義，進而列舉四部要籍中的
例子，作爲說明。全書所舉之例約二百多條，舉例之中，有敘述古人著作之意，
爲古人辨解洗冤，也有反駁古人論述，重新以己義解釋者。舉例之後，常就其
例，針對當時治國學者的治學方法，提出建議和看法。以「今人讀書」、「今之
所謂」之「今」字，直指問題並反駁，以回應當時治學風氣。

第二節　孫德謙之治學態度

孫德謙之治學態度，從《古書讀法略例》一書，以及他對當時治學風氣
的反應，可以歸納出「三要」與「三不」。「三要」是治學的三樣要事，「三不」
爲治學的三樣禁忌。

一、治學須客觀

孫氏治學重視客觀思考，當時學術圈流行以「科學的方法」研究學問。
但在孫德謙眼中，當時看似客觀的科學方法，隱含有許多主觀的矛盾在其中。
從他對當時學者的批評，便可窺知其治學力求客觀的態度。他批評當時學者
治學，易犯之矛盾行爲有四：

1、任意牽合

孫德謙對當時學者任意牽合中西學說，不以爲然。他以治墨學者爲例，
認爲其說「不問其有當與否，亦非志在表彰，但取其書以牽合附會，肆我橫
議而已。」〔註19〕又說：

吾觀人之讀書，每有將此一書者，而以彼一書牽合之，於是其所言

〔註18〕孫德謙：《古書讀法略例》，自序，頁2。
〔註19〕孫德謙：《古書讀法略例》，頁47。

者往往失之似是而實非。〔註20〕

他認爲學說之間的牽合附會，容易造成「似是而實非」的盲點，是做學問最大的弊端。因此主張「學問之道，莫患乎牽合附會。」〔註21〕

2、強爲疏證

孫氏認爲注解古書應該尊重原典，詳加疏證，進而闡發宗旨。不應託言假借、擅改文句。他認爲當時學者，在注解古書時，如對文義有難以通曉之處，則以假借之法，強爲疏證，甚至不惜刪改古書文句，以求通順。他說：

> 近人作注，不爲闡發全書宗旨，喜治《墨經》，文辭有不通者，則求之假借，以說經之法行之，甚者任吾增損，於〈備城門〉諸篇，私自擅改，並有刪去其文句者。〔註22〕

孫氏認爲「義已失傳，吾曲解之，不免勞而少功矣。」〔註23〕故其自言：「余讀古書，向不欲曲爲詮釋，如此篇者，歸之於闕疑矣。」〔註 24〕可知，孫氏治學秉持著「知之爲知之，不知爲不知」的客觀精神，寧可「存闕疑」以待後人通解，也不要在一時無解的問題上，徒勞無功。更不能自憑己說，強加詮釋，改易古書。

3、存翻案之心

孫氏認爲當時學者治學，往往喜歡接收新說法，並且更樂於創造新說法，以吸引學界注意。因此，「破除前人成解」爲當時學者樂從之事。他曾提出質疑，認爲「今之學者，矜奇炫異，不喜蹈常襲故，專以力破前人成解爲得意，此豈善讀古書者哉？」〔註25〕又以世變，反襯當時學者的行爲，他說：「今人則以反常爲事，於是苟讀古書，凡爲常解，亦必力破之，此亦足以觀世變也。」〔註26〕孫氏以胡適「諸子不出王官說」爲例，認爲：

> 諸子之學，《漢志》以爲出於古官，此眞三代盛時官師不分之義。今人則曰：「諸子不出王官」，並爲文以辯之，是乃破其常解矣。〔註27〕

〔註20〕 孫德謙：《古書讀法略例》，頁 43。
〔註21〕 孫德謙：《古書讀法略例》，頁 43。
〔註22〕 孫德謙：《古書讀法略例》，頁 194。
〔註23〕 孫德謙：《古書讀法略例》，頁 194。
〔註24〕 孫德謙：《古書讀法略例》，頁 194。
〔註25〕 孫德謙：《古書讀法略例》，頁 214。
〔註26〕 孫德謙：《古書讀法略例》，頁 217
〔註27〕 孫德謙：《古書讀法略例》，頁 214。

雖然孫氏反對破除古人流傳已久的說法，但孫氏治學並非墨守古人看法而不
知變通，他說：

> 古書之中，其解之未當者未嘗無有，余向所持論，雅不願拘拘於常
> 解，膠執而不化，然前人成解固自可通，不問其是非得失而破去之，
> 則大不可。〔註28〕

孫氏承認古書中的說法並非全然正確，也不願侷限於流傳已久的說法，而不
知變通。他認爲前人說法如有其道理在，則後人不應心存翻案之心，輕言其
非，而加以否定。

4、存有成見

孫氏觀察歷來研究諸子學者，認爲其心中往往早有成見。因此，往往不
考慮諸子家數、宗旨爲何，而憑己意附會、批評。他說：「自來讀諸子者，
不辨其家數，不考其宗旨，而惟存己見，好之則附於儒，惡之則黜爲異端，
有宋以下，無不如是。」〔註29〕對於當時學者治學，多心存成見的缺失，孫
德謙又舉「郢書燕說」之成語說：「昔人謂郢書燕說，即是以己見所及，而
實非原書之意義。如是以讀古書，吾見今之學者爲不少矣」，〔註30〕來凸顯
治學時心存成見的謬誤。因此，孫德謙直言「學者不能妄存己見以讀古書」。
〔註31〕

透過孫德謙對當時學者治學的四點批評，可知孫德謙認爲治學必須能夠
客觀思考。保持客觀思考的方法，就是避免上述的四種治學弊病。否則「心
有偏重，則讀此書而不復究其意義矣」。〔註32〕

二、治學須務實

孫德謙主張治學必須務實致用，《古書讀法略例》一書中，孫氏認爲讀書
需全書讀完，才能了解書中眞正的意旨。他說：「既讀古書，應讀全部，方可
以見此書之眞。」〔註33〕讀書需從頭至尾閱讀的態度，即是務實求眞的態度。
又認爲如果讀書而有與前人、舊說不同的看法，不能自持己見爲是。他說：「向

〔註28〕孫德謙：《古書讀法略例》，頁217。
〔註29〕孫德謙：《古書讀法略例》，頁254。
〔註30〕孫德謙：《古書讀法略例》，頁256。
〔註31〕孫德謙：《古書讀法略例》，頁252。
〔註32〕孫德謙：《古書讀法略例》，頁51。
〔註33〕孫德謙：《古書讀法略例》，頁158。

不願故造新說，苟有心得，違背舊解，則不敢自矜爲是。」〔註 34〕孫氏「讀書求眞」及「不故造新說」的主張，即是其治學務實的態度。

桑兵認爲研究清末民初的老派學者，可以考慮其治學的態度，究竟是安身立命的所在，亦或是單純的作學問。從孫德謙在《古書讀法略例》一書中，所言「夫學之所以可貴，在能治己以及物，有功於家國，讀書固非其急者。」〔註 35〕又說「今夫學亦求其有用耳，宣聖讚述六經，爲萬世治術之本。即周秦道墨諸家，亦何嘗空言無用，不足見之行事哉！」〔註 36〕可知孫德謙治學，並非單純的只是作學問，而是抱持著「致用」的態度，學問是他安身立命的所在。他認爲儒家六經是治理國家的方法，而先秦諸子的學說，也都是著眼於應用之上，而非空言。因此，孫德謙認爲讀書的最終目的在「有功於家國」，治學時亦應有「致用」於世的認知與抱負。

三、治學須博精

孫德謙認爲治學須廣泛閱讀，各種學問都要廣博涉獵。孫德謙在《古書讀法略例》〈書在多讀例〉中說：「夫書而多讀，有不知者，可以廣徵而得；有所疑者，可以獲解而通。與不明統類，而但務貪多者，爲用不同。」〔註 37〕又說：「書不多讀，聞見不廣，匪特有疑而莫釋，且懼見欺而妄信，誤以爲眞矣。此亦學者之患也。」〔註 38〕即強調廣泛閱讀的重要。

《略例》書中，孫氏不時提到廣泛閱讀的好處，同時對廣泛閱讀的定義，有具體的分析。他在讀書有因彼見此之法中，提到：「昔賢有云：『書必博觀。』蓋只觀此書，而無彼一書者爲之參證，則義理無由見。故讀古人書，有因彼見此之法。」〔註 39〕孫德謙所謂的「多讀」，即是指廣泛閱讀，即是他所說的「書必博觀」。在定義上，這與多次閱讀的「熟讀」有所不同。對於「熟讀」孫氏認爲：「所謂讀書百遍者，蓋熟讀之謂也。熟讀之法，則是專取一書而誦讀之，古人所稱不厭百回讀者，如斯而已。」〔註 40〕指的是同一本書讀好幾

〔註 34〕孫德謙：《古書讀法略例》，頁 114。
〔註 35〕孫德謙：《古書讀法略例》，自序，頁 1。
〔註 36〕孫德謙：〈評今之治國學者〉，頁 4。
〔註 37〕孫德謙：《古書讀法略例》，頁 172。
〔註 38〕孫德謙：《古書讀法略例》，頁 176。
〔註 39〕孫德謙：《古書讀法略例》，頁 18。
〔註 40〕孫德謙：《古書讀法略例》，頁 176。

次，而「多讀」則是博覽群書。透過廣泛閱讀，治學才能收「徵引廣泛」、「獲解通達」、「相互參證」、「不有疑而莫釋」、「不見欺而妄信」等好處。

　　孫德謙主張廣泛閱讀之餘，亦以「讀書務成專家，須注重專精一類」〔註41〕為戒。自古流傳下來的書籍十分繁浩，若讀書沒有方向，便易於消磨才力，阻礙學問精進。他以學者之蔽來形容，說「倘愛博而貪多，用心不能摶一，久之將無一成就，此學者之蔽也。」〔註42〕因此，孫德謙認為在廣泛的閱讀之後，必須找有興趣的領域，深入的研讀該領域書籍，進而成為研究該領域的專家。他說：

> 學問之事，須取與吾性近者，擇定一二門類，以為專精之業。如治經小學者，惟務潛心於此，其他史學、子學，則但涉獵可也。而經小學一類，則當窮究源流，發揮義理為吾所特長，如是則為學不復泛騖，而可以深造自得。〔註43〕

孫德謙認為「廣博閱覽」在治學過程中，雖扮演重要角色。但人的能力有限，無法精通所有學問、讀遍所有書籍。因此，要在學問上有成就，務須成為「專家之業」。

四、勿考據為務

　　明末清初考據之學盛行於時，到清中葉，產生許多流弊，開始有學者反對考據之學，章學誠即是其一。到清末民初，新派學者主張「以『科學的方法』整理國故」的口號下，考據之學又成為顯學。其時考據風氣瀰漫，即便與新派學者治學取徑不同的學人，也好以考據為務。孫德謙、張爾田等人，則反對尤力。〔註44〕

　　孫德謙早年治學，曾喜高郵王氏父子之學，後來病其破碎而盡棄。他認為考據之學是「實事求是」的學問，在音韻校讎上，能夠注解經、子、史類的書籍，與心學的迂闊有別。這種學問，與孫德謙治學講求「務實」的態度相同。他認為考據之學：

> 實事求是，苟善為之，學者何嘗不可從事於此。乾嘉時治考據者，

〔註41〕孫德謙：《古書讀法略例》，頁158。
〔註42〕孫德謙：《古書讀法略例》，頁158。
〔註43〕孫德謙：《古書讀法略例》，頁158。
〔註44〕參見桑兵：《晚清民國的學人與學術》，頁216～217。

亦云盛矣。詁經而外，兼及子史。音韻校讎確有心得，可與宋學之迂疏，別樹一幟也。〔註45〕

雖然如此，孫德謙為什麼要反對考據呢？他說：

> 余往者亦嘗治此學，久之而病其繁瑣，故決然去之。但考據之弊，則知之實深。其弊若何？求之形聲，而用假借之法，已不免穿鑿而附會，乃又專輒臆斷，不曰「衍文」，則曰「脫文」。無可知如何，則歸之傳寫者之誤。如是讀古人書，一任我之所為，殆無難矣。〔註46〕

他認為治學必須深入探索古書義理，若僅注重考據，而不思索義理，則易過度使用形聲、假借、衍文、脫文之法，而有穿鑿附會、專輒臆斷的流弊。

此外，考據學者講求證據，強調注解經書必須引證資料。在舊有流傳的文獻上，若無相關可資引證的材料，便寄望於出土文獻記載的發現。因此過分重視出土文獻，期待以出土文獻的資料，來推翻正史的記載。他說：

> 為考據者，必取於徵引之富。治群經也，孔子已刪之《詩》、《書》，未修之《春秋》，勢所不可得者，而思有以見之。以史部之材料，不足供我甄采。注意於地下之發掘，期有如燉煌石室者，再顯出於世。讀所未見，則彼心為之始快。〔註47〕

對於考據之弊，孫德謙還說：「近世考據家只講求者一字一句，而上下文法且不知顧。」〔註48〕認為考據學者只重視字、句的辯證，對於上下文句的文氣、義理、文法的相承關係，則無暇顧及。

透過孫德謙對當時考據學者的批評，可知他認為考據之弊在於：一則託言假借，穿鑿附會，任己所為。二則專輒臆斷，強書就我，歸罪傳寫者。三則務為新奇，不守舊說，疑古為務。四則僅求字句解釋，不顧文法，不思義理。五則寄心於出土文獻、非書文獻，置傳世文獻如敝屣。因此，孫氏認為治學不可專事考據，否則徒疲耗精神，對治學有不良影響。

五、勿疑古為念

孫德謙認為治學不能先存「疑古」之心來看待古書，否則古書將無一書

〔註45〕孫德謙：〈評今之治國學者〉，頁3～4。×
〔註46〕孫德謙：〈評今之治國學者〉，頁3
〔註47〕孫德謙：〈評今之治國學者〉，頁3
〔註48〕孫德謙：《古書讀法略例》，頁104。

可讀。他認爲在考據學的影響下，當時學界的治學風氣，充斥疑古的看法，他說：

> 近世之論學者，每主懷疑之說，吾謂不然。蓋人苟讀書不多，則不
> 知有所疑。若凡讀一書，不能探索此書之義理，先存一懷疑之見，
> 必將有無可疑者而亦疑之，極其所至，吾國古書，皆屛在可疑之列，
> 必至無書可讀而後快，何其居心之酷若此乎。〔註49〕

又說：

> 方今喜讀古書者，未絕於世，乃半出於穿鑿附會，而疑古者爲多，
> 夫疑古可也，然吾未聞有辨其宗旨者，特不過自逞臆斷耳。〔註50〕

孫氏認爲讀古書不能先存懷疑的看法，在「無可疑者疑之」。否則，全書皆爲可疑，將無一書可讀。

雖然孫氏反對疑古，但並非認爲古書皆無可疑。他認爲疑古的方法，必須從古書宗旨加以推究，而非僅憑考據，穿鑿附會。他批評康有爲《新學僞經考》一書說：

> 近世有作《僞經考》者，自此書出，而吾國古書幾皆可以僞造廢之
> 矣。雖然，亦曾推究古書之宗旨乎。如使讀古書者，果能推究其宗
> 旨，絕不敢輕易言之曰僞書、僞書矣。〔註51〕

即是從康有爲未推究古書宗旨的角度，而提出批評。可見他的治學態度，必須以探求古書宗旨，通求書中大義爲要，不能先存疑古之心。

六、勿膠執爲固

孫德謙認爲治學應重視書中大旨，勿鑽牛角尖，執著於細微、矛盾之處。他以諸子之學爲例，認爲：

> 夫諸子各有其學說，故其論理也，或則如此，或則如彼，時有互相
> 違異之處。讀其書者，只須明其理有可取，用分觀之例，則不必膠
> 執一偏。〔註52〕

他認爲古書爲先人陳跡，須統觀全帙，探求其立言之旨，而非斤斤於細節，

〔註49〕 孫德謙：《古書讀法略例》，頁 190。
〔註50〕 孫德謙：《古書讀法略例》，頁 98。
〔註51〕 孫德謙：《古書讀法略例》，頁 91。
〔註52〕 孫德謙：《古書讀法略例》，頁 124。

不知變通。他認爲古書中有誇飾之詞、以寓言體行文、引用傳聞異辭等例子，後人讀時必須善加變通，而非執著於此，陷入考據之弊。他以俞樾撰著《莊子人名考》一書爲例，認爲莊子、列子之書，泰半皆爲寓言。寓言之書是取人名以寓之，未必眞有其人。他認爲俞樾作此書，即是不知變通。〔註 53〕

從治學須客觀、務實、博精，以及勿考據爲務、勿疑古爲念、勿膠執爲固，這「三要」與「三不」來看，孫德謙治學所持的態度是客觀且通權變，他並非完全反對考據，甚至認爲「何嘗不可從事如此」，他亦非反對疑古，而是認爲應於「可疑處」疑之。但在當時的考據、疑古之風瀰漫的學術環境下，孫氏所提的看法，自然偏向反對意見。綜合觀之，其治學態度足爲吾人治學所持念。

第三節　孫德謙之治學取徑

孫德謙《古書讀法略例》一書中，除了提到治學應有的態度外，還提到讀書治學的具體方法。今將其分述如下：

一、治學以讀善本爲要

古書善本的定義，歷來皆有不同。宋代所謂善本，多指校勘精審、錯誤較少的書。〔註 54〕到清代時，善本則需具備校對謹嚴、刊刻尤精、完整不闕、刻書、鈔書、校書的時代要古等條件。〔註 55〕現今國家圖書館《國立中央圖書館中文圖書編目規則》對「善本」的規範爲：

> 明弘治以前之刊本，活字本。
>
> 明嘉靖以後至近代，刊本及活字本之精者或罕見者。
>
> 稿本。
>
> 名家批校本。
>
> 過錄名家批校本之精者。

〔註 53〕參見孫德謙：《古書讀法略例》，頁 245～209。

〔註 54〕劉兆祐：《治學方法》（臺北市：三民書局，1999 年 9 月），頁 56。

〔註 55〕清代張之洞《輶軒語》〈語學篇〉「讀書亦求善本」條，認爲善本必須是「精校細勘」、「部譌不闕」、「足本」、「精本」、「舊本」等條件。丁丙《善本書室藏書志》〈跋〉提到其「善本書室」所收的圖書有四種，分別爲「舊刻」、「精本」、「舊鈔」、「舊校」。

舊校本。

近代抄本之精者。

高麗、日本之漢及古刊本，鈔本之精者。〔註56〕

可知善本的定義，隨著時代的變化有所不同，時代越晚，去古越遠，善本的條件就越寬。孫德謙爲清末民初之人，介於清代與民國之間，他認爲善本必須符合以下條件：

1、有其書猶存古本款式者

孫德謙認爲古書保有「古本」款式者，可稱爲爲善本。孫氏所說的「古本」，是指漢時劉向「定著」之本。以元刻本《晏子春秋》爲例，孫氏據顧廣圻〈晏子春秋後序〉，認爲元刻本《晏子》是劉向在漢成帝時所定之《晏子》原本，是最接近《晏子》原本的版本，因此孫氏視其爲善本。〔註57〕因此，古書中若存有「古本」款式者，則視之爲善本。

2、有古書盡亡，幸有此書得窺崖略者

若某古書已經亡佚，但是有某書能見其書之梗概者，孫氏認爲可視該書爲善本。他舉唐朝李鼎祚《周易集解》爲例，認爲：「自子夏以下各家《易》注，除王弼外，世無傳本，此書搜集散亡，足使治《易》者考見古注，非善本乎」？〔註58〕孫德謙認爲，古書有輯佚價值者，可視爲善本。

3、書有昔人未見珍本，至近世乃傳者

孫德謙認爲，古書珍本在流傳的過程中爲人所秘藏，至近世方出於世，爲前人所未見者，可爲善本。他舉錢泰吉《曝書雜記》中對《說文解字》一書所作的評語，認爲：

> 錢遵王藏《說文繫傳》，詫爲述古庫中驚人秘笈。當明季時，所見《說文》，皆李巽巖《五音韻譜》，而始一終亥之本，雖博覽如顧亭林，猶不得見也。自汲古閣大徐本流傳，學者始得見許氏眞本。今仿宋之刻已有數本，幾於家置一編。〔註59〕

孫氏認爲在明末時所流傳的《說文解字》版本，多爲李巽巖《五音韻譜》的

〔註56〕參見國立中央圖書館編訂：《國立中央圖書館中文圖書編目規則》（臺北市：國立中央圖書館，1959年）。

〔註57〕參見孫德謙：《古書讀法略例》，頁153。

〔註58〕孫德謙：《古書讀法略例》，頁154。

〔註59〕孫德謙：《古書讀法略例》，頁154。

版本。錢曾（1629～1701）述古堂所藏的徐鍇（920～974）《說文繫傳》本，為最接近許慎原本的版本，但為錢曾所祕藏。直到毛晉汲古閣刊刻後，學者方能得見，至今成為最流行的版本，因此徐鍇《說文繫傳》本，可視為善本。

4、古書凡經名人校訂者

孫氏在〈書用鈔讀例〉中提到：「又有昔人詳校，稱為此書善本。」〔註60〕可知孫氏認為善本需校勘精審。又孫氏認為：

> 近世校書最精者，交推元和顧千里氏，時孫淵如星衍、張古愚敦仁、黃堯圃丕烈、胡果泉克家、秦敦夫恩復、吳山尊鼒諸人，皆深於校讎之學，然此數家者，莫不延顧氏而刻書。…蓋顧氏於每書刻竟，綜其所正定者，必作考異，或為校勘記，用其校本讀之，奉為善本可矣。〔註61〕

可知，孫氏認為「名家校勘本」，可稱之為善本。

此外，孫氏對於非善本，亦提出其看法。他指出非善本為：

1、書之善本，人皆珍重宋刻，此亦不盡然

一般藏書家皆以宋刊本為善本，但孫德謙對宋刊本，是否必為善本，持保留的態度。他說：

> 藏書家則以宋元舊刻極為矜祕，至近日並麻沙本，係宋時坊間所刊，亦且以為宋本，而其價昂貴，以備插架。其實書中時見訛誤，則彼非所計也。故古書即使果為宋刻，亦必擇其善者乃可用之。〔註62〕

又說：

> 宋刻為古本，固可寶愛，尤必審其是善本，蓋宋本而非善者，亦不足為奇，故讀古書者，不可盡信宋本，而須求其善本，用為誦讀耳。
> 〔註63〕

孫氏認為，宋本書時代雖古，但品質仍有高低之分，非宋本即為善本。且讀書時，不可因其為宋本，則盡信之，仍須考見其書中內容，取正確者而讀。在孫德謙對善本的看法中，時代越早，雖然越有可能接近原本的樣貌，且收藏價值越高。但時代並非判別善本惟一的標準。孫氏判別善本時，尚且從讀

〔註60〕 孫德謙：《古書讀法略例》，頁 144。
〔註61〕 孫德謙：《古書讀法略例》，頁 155。
〔註62〕 孫德謙：《古書讀法略例》，頁 155。
〔註63〕 孫德謙：《古書讀法略例》，頁 155。

書的角度來加以評鑑。也就是從刊刻內容的正確性來看，孫氏認為宋刻本並非即為善本。

2、明本不可信為善本

明人刻書，一向為人所詬病，有「明人刻書則書亡」的惡名。孫氏亦說：「凡古書而為明本，未可遽信為善也。」〔註 64〕又說「自昔編目錄者，每不收明本，蓋以明人刻書，私自刪改，今觀於《慎子》明慎懋賞本、《鄧析子》明初刻本而益信。」〔註 65〕孫氏以明人刻書不著明出處，又時有不可句讀者，認為明本書不可信為善本。

3、節本不可為善本

孫德謙治學以求其「全覽」為要，認為：「既讀古書，應讀全部，方可以見此書之真。」他在《古書讀法略例》一書當中，〈統上文而說乃通例〉、〈統下文而義自明例〉條，均強調「讀古人書需統合全書，乃可通其說」。在〈書用點讀例〉中，亦強調點讀古書的目的在於遍覽全書。因此，孫氏讀書十分忌諱斷章取義。對於「節本」之書，不只不可視為善本，且強烈的批評為「不可讀」。他說：

> 他如書經刪削，或為節本，則不可讀。何也？既讀古書，應讀其全部，方可以見此書之真，至近日書鋪所有《諸子菁華錄》等，不過巧立名目，以為圖利之資，更非善本書，俾無足論矣。〔註 66〕

由上述可知，孫氏對善本的定義，是專從學術資料的角度作分判。他對善本書的定義，近乎劉兆祐先生所說：

> 「善本」的定義很多，用最簡單的話說就是：「校勘精確，舛錯較少的書就是『善本』。」〔註 67〕

劉兆祐先生認為，研讀古籍要選擇善本的原因，就是要取其「不訛不闕」。這與孫氏強調在治學上，需讀善本書的目的相同。孫氏說：

> 讀誤本書，必致以誤為不誤，而不誤者轉為誤矣。今之言善本者，蓋誠恐人讀古書不用善本，而亦讀誤本耳。〔註 68〕

〔註 64〕孫德謙：《古書讀法略例》，頁 158。
〔註 65〕孫德謙：《古書讀法略例》，頁 157～158。
〔註 66〕孫德謙：《古書讀法略例》，頁 158。
〔註 67〕劉兆祐：〈琳琅萬卷、中樞玄覽——從國立中央圖書館的善本書淺談有關善本書的基本知識〉，《幼獅月刊》361 期（1983 年 1 月），頁 53。
〔註 68〕孫德謙：《古書讀法略例》，頁 153。

孫氏在治學上重視學術資料的完整性、準確性。他雖然反對「專事考據」的治學態度，但對閱讀材料的校勘，仍是相當重視。

二、治學特重學術源流

孫德謙認為讀書治學必須重視學術源流，辨別各家學說，才不至於索解不獲、失之臆斷、失之附會。他在〈讀書宜辨家數例〉中提到：

> 讀古書者，於古人之學問，自成其家數者，此不可不辨別之。夫不能辨別其家數，彼此混淆，欲考其所言之旨，必茫然而莫窺其真，猶之居家者，知其為張為李，得其姓氏，乃可以識其為人。故讀古書者，其於家數也，宜先詳辨之。〔註69〕

孫氏文中所謂「家數」者，是指學術分科及源流。他在〈文同意異例〉中提到：

> 讀古人書，此豈易事哉？往往有文辭相同而不能知其意之所在者。
>
> 夫古人立言，各有宗旨，得其宗旨，則文雖從同，用意自異。〔註70〕

他就文辭解釋，指出辨別學術源流，以免招致疑誤。然辨別源流，涉及學術分科。《略例》書中，列舉四部，分述源流。孫氏認為：經學一科，在漢時有分今文家、古文家，到了近代，又分漢學、宋學。史學一科，在宋以前分《尚書》、《春秋》、《左傳》、《國語》、《史記》、《漢書》六家，分別為記言、記事、編年、國別、紀傳通古、紀傳斷代等六種史書體例。在宋以後，新增袁樞《通鑒》紀事本末體一家。子學一科，初言百家；司馬談分六家；劉向分十家，並在諸子一家後，附兵書、數術、方伎等略；《隋書》〈經籍志〉將〈兵書〉、〈數術〉、〈方伎〉等略，統歸子部。〔註71〕

孫德謙尤其認為諸子百家，各家宗旨不同，研究諸子學，特別需要重視家數的辨別。他說：

> 夫諸子為專家之學，故讀其書者，所貴首辨其家數，乃能得其旨意，否則尊之則附於儒，卑之則曰是異端耳。是異端耳，尚足通其學乎？
>
> 〔註72〕

又說：

〔註69〕 孫德謙：《古書讀法略例》，頁81。
〔註70〕 孫德謙：《古書讀法略例》，頁7。
〔註71〕 參見孫德謙：《古書讀法略例》，頁81～91。
〔註72〕 孫德謙：《古書讀法略例》，頁88。

> 劉氏父子《別錄》等書，今久散佚，所可考者《漢》〈志〉也。〈志〉
> 之以孟、荀爲儒，老、莊爲道，所編入某家者，不可稍從移易，蓋
> 向、歆校書時不知幾經參酌，方定此家數。讀古書者，於諸子之學，
> 苟思審辨其家數，即奉以折衷可也。〔註73〕

孫德謙認爲，要辨別諸子學的家數，可以依照劉向、劉歆父子所分類者爲依歸，也就是以班固《漢書》〈藝文志〉中所分類作爲準則。

三、治學需善類例推理

孔子認爲讀書要能舉一反三，因此，在教導學生讀書時「舉一隅，不以三隅反，則不復也」。孫德謙在《略例》書中，亦提到治學必須善類例推理。他在〈善推例〉中，認爲「讀古書者，其法亦惟以善推爲尚」。〔註74〕孫氏並以孔子所言「告諸往而知來者」，作爲「善推」之義的解釋。他認爲：「讀古人書，覺古人意之所注，未及顯言，而用吾之心，探而知之，則書之眞意乃見，以爲讀法之最要者也。」〔註75〕讀古書須用心探求古人欲表達的意涵，不僅止於書中文字的表面意義，未見於文字的義理，更需推求。這是讀書過程中，最爲重要的。對於推求書中義理的具體方法，孫氏認爲可透過如下所舉之例，家以應用。

1、虛者實之、實者虛之

孫德謙認爲在學問上類例推理，可用「虛者實之，實者虛之」之法。他在〈讀書由虛索實例〉中說：

> 讀書之法，當於實者虛之，虛者實之。……故凡書之記事者，當進
> 而探索乎其義，此實者虛之之法也。雖然，虛者實之，其法將奈何？
> 古人立言，豈能遺棄事實而鄉壁虛造。吾就其所論義理而證之以事，
> 即其法也。〔註76〕

孫氏認爲古書中內容爲記事者，閱讀時須探索事中所含義理；若古書內容爲論理者，須就其論，求徵於事實以驗之。即便是詩詞文句，亦不可只見其文辭，還須觀察詩中的比興之法，再以時事考見，或許詩中含意，爲詩人另有所指。

〔註73〕 孫德謙：《古書讀法略例》，頁90。
〔註74〕 孫德謙：《古書讀法略例》，頁183。
〔註75〕 孫德謙：《古書讀法略例》，頁31。
〔註76〕 孫德謙：《古書讀法略例》，頁22。

2、逆推之法，以求其志

孫德謙認為讀書用「逆志」之法，早在孟子時即被重視。《孟子》〈萬章篇〉中說：「故說《詩》者，不以文害辭，不以辭害志，以意逆志，是為得之。」此即「逆志」之法。孫德謙認為讀一切古書，皆須使用逆志之法。他說：「逆志者，其言如此，其志則不如此，在我就其所言，以逆探其志耳。」〔註77〕就孫氏所論逆志之法，即是探求古書文字的深層意義。古人立言，可以直抒己見，但也有不能直言的時候。此時，古人即採用「意在言外」的方式表達。孫德謙說：

> 蓋立言之士，有其志即見於所言者，亦有不能直言，所謂意在言外者，吾當逆臆其志，以揆度之，如是則書之義理乃見。〔註78〕

孫德謙認為，讀古書不能夠僅著眼在文辭之上，必須就作者所言，揣度其想法，以獲得作者撰著的意義。但孫氏亦言此法不能夠過度使用，以避免穿鑿附會，反而貽笑大方。

3、省文之例，求其互見

古人著書不易，為了節省文字、避免繁冗、文章過長，往往減省書中文字，而有「省文」之例。尤其在史書中，「省文」之例應用最多，已成為史書文體特色。孫德謙舉《史記》「其事在周公之篇」、「其事在商君語中」、「其語在〈始皇本紀〉中」等語法，作為省文之法的例子。認為讀書如遇此例，須於書中前後參照、互見，才能明白作者之意。

4、事相類者連載，理相違者分觀

孫德謙認為古書記事，往往事情相同或相近者，作者會連類而並載。如：《史記》〈儒林〉、〈循吏〉、〈遊俠〉、〈貨殖〉等列傳，均以其人行事相同，而連類並載之，故應歸類而讀，方能正確推求作者意旨。

孫氏亦認為讀書須「分觀」，將一件事情，從不同的角度分別觀之，而非固執一理。他說：

> 天下事固有離而不能合者，吾嘗持此說以讀書，知古書之中，其理相違者，則當用分觀之法。〔註79〕

何謂「理相違者」？孫氏舉《孟子》書中「『矢人』與『函人』孰仁」之事為

〔註77〕孫德謙：《古書讀法略例》，頁35。
〔註78〕孫德謙：《古書讀法略例》，頁39。
〔註79〕孫德謙：《古書讀法略例》，頁119。

例，認爲某些道理，存在邏輯上矛盾，不能單純用一個角度來統括，應用不同角度觀察，才能有正確的理解。

四、治學應求義理通達

孫德謙認爲治學應求義理通曉。通曉義理可分爲表、裡兩個層次，他說：「讀古書者，言語則爲表，所當近而測其裡。」〔註80〕即認爲古書的文詞爲表，而意旨爲裡。辨析文句，通曉訓詁，只是基本的功夫，還必須深入求其間意趣。他在《略例》〈分篇例〉中，引《論衡》〈正說篇〉：「其立篇也，種類相從，科條相附，殊種異類，論說不同，更別爲篇。意異則文殊，事改則篇更。」認爲「古人立篇之名，即有分篇之義矣。」〔註81〕又說：

> 文字不能無起訖，成爲一篇，出情鋪事，既明且遍，則篇之所以爲篇者如此。然書非僅一篇已也，此一篇者，文字起訖，於情事則明而遍矣，必亦用以別之於他篇。〔註82〕

古人著書分篇，必有其篇旨意涵，篇章不同，篇旨各異。因此，讀古書必須分析各篇章旨，才能夠通曉其義理。分析各篇章旨時，孫氏認爲需從每篇之中，各段落之「體例」，及作者行文「文法」著手。他說：

> 凡書一篇之中所分段落即爲一章。故讀古書者，於其章法，有不可不辨者也。〔註83〕

孫德謙所謂的「章法」，即行文的「體例」。認爲「《孟子》一書，各有『孟子曰』以標明之，則其章法猶易辨也。他書往往合爲一篇，其中章節未有判析，於是讀其書若不辨明章法，則其義理有不解矣。」〔註84〕認爲需了解各段落的體例，才能夠正確解析各篇的章旨。此外，孫氏認爲讀書亦須重視「文法」，他說：

> 近世考據家只講求者一字一句，而上下文法且不之顧，每不能貫徹全章之旨，亦可謂不善讀古書矣。〔註85〕

又說：

〔註80〕孫德謙：《古書讀法略例》，頁36。
〔註81〕孫德謙：《古書讀法略例》，頁200。
〔註82〕孫德謙：《古書讀法略例》，頁200。
〔註83〕孫德謙：《古書讀法略例》，頁98。
〔註84〕孫德謙：《古書讀法略例》，頁99。
〔註85〕孫德謙：《古書讀法略例》，頁104。

吾第恐人讀古人書，欲探索其義理而文法不辨，古人從而受誣耳。

〔註86〕

可知，孫德謙認為閱讀古書除了重視「體例」外，還必須重視「文法」。

在探求各篇章旨的方法時，孫氏認為有幾點必須加以注意：

1、各篇應分觀

孫氏認為，古人分篇必各有其義，所以各篇之章旨，應該分別看待。他舉《文心雕龍》〈宗經〉、〈徵聖〉二篇為例：

> 《文心雕龍》〈徵聖〉之後，繼以〈宗經〉，或見〈徵聖〉篇中有「稚圭勸學，必宗於經」說，謂此與〈宗經〉無異，余嘗細案之，劉氏評文，垂世作範，若〈徵聖〉、〈宗經〉全無區別，是虛占篇幅，強立題目，當不如此。〈徵聖〉篇有云：「先王聖化，布在方冊；夫子風采，溢於格言。」可知〈徵聖〉者，取孔子論文之言以為折衷，故別為一篇，豈同〈宗經〉乎？〔註87〕

認為〈徵聖〉篇中著重在孔子論文之言，〈宗經〉篇中，重視先王聖化之語。二者篇旨不同，閱讀時必須分別清楚。

2、篇題勿附會

孫德謙認為古人著書並無篇題，後人為了分篇，輒取篇首二字以為篇題，並無深意。他說：

> 古書之中，其篇題則只取篇首二字以為標識，無深義也。說者往往為之附會，則非矣。〔註88〕

又說：

> 凡人作為文辭，固不可不謀篇，即後人著書，撰此一篇，或有其命篇之意，若古書之標目，不過用以分篇，此讀者所當知也。〔註89〕

可知，孫氏對於後人著書，篇題或許隱含篇義，但古人著書，篇題僅為分篇之用，故孫德謙認為不可借由篇題而妄加附會篇義。

3、句法不可不辨

孫德謙認為讀書之難，在於不只要扼其篇章之要旨，還必須在於字句之間

〔註86〕孫德謙：《古書讀法略例》，頁109。
〔註87〕孫德謙：《古書讀法略例》，頁203～204。
〔註88〕孫德謙：《古書讀法略例》，頁200。
〔註89〕孫德謙：《古書讀法略例》，頁201。

琢磨。他說：「古書之中，其句法宜辨者多矣。《學記》曰：『離經辨志。』鄭注：『離謂句絕。』若是，讀書而辨句法，所以從來者遠也。」〔註90〕又提到：「夫古書之句法，往往有一經辨別，而其義即立異者。」〔註91〕可知，孫德謙認爲讀書在求義理通曉之時，除了留心全篇意旨之外，仍需注意文句、字詞的解釋。

五、治學應存闕疑愼言

孫德謙認爲在疑古風氣的推動下，當時學者，往往稍爲有所發現，便妄加議論，提出他的看法。孫德謙認爲，這並非正確的治學方法。因此，主張治學應「闕疑」、「愼言」。

孫德謙舉《論語》「多聞闕疑，愼言其餘」之語，認爲孔子時，就教人闕疑、愼言的讀書方法。他又舉《太史公書》中，常有「疑者闕之」、「疑者闕焉」、「世莫知其然否」等文句，爲讀者指出司馬遷著《史記》時，對於「暫無可解之處」存闕疑的方法。又引〈三代世表〉云：「至於序《尚書》，則略吾年月；或頗有，然多闕，不可錄，故疑則傳疑，蓋其愼也。」以彰顯「闕疑之例」乃是古人著書時，有意將當時作者所疑之處，留待後人考訂。又引《漢書》〈藝文志〉〈六藝略〉〈總論〉：「後世經傳，既已乖離，博學者又不思多聞闕疑之義，而務碎義逃難，便辭巧說，破壞形體。……安其所習，毀所不見，終以自蔽。此學者之大患也。」以證「闕疑」之法，自古即用於治學，且深受古人重視。

此外，孫氏認爲治學時應用「闕疑」之法，尚可省去許多考索的功夫。他說：

> 雖然，闕疑之爲益何如？曰：古書所紀之事，彼此不同，吾既不能臆決，付之闕疑，則吾可省其考索之功矣。抑或其書記述，事爲后出，非作者所當知，人必黜之爲僞書，然流傳已久，相與誦習之，吾今日即有論辨，人未必以吾言爲信。〔註92〕

至於如何進行闕疑之法？孫德謙說：

> 如讀一書，而其中有不可通者，不必求其速解，姑且置之，於吾心必不釋然；異日或有所見，足以發明其意。又或辨其句讀，而豁然

〔註90〕孫德謙：《古書讀法略例》，頁115。
〔註91〕孫德謙：《古書讀法略例》，頁114。
〔註92〕孫德謙：《古書讀法略例》，頁194。

貫通，此即闕疑之法也。〔註93〕

他認爲讀書時，不必力求速解，若有不能會通之處，可暫存其疑，以待後來
的發現。也可以考辨其文字意義，或許便能豁然貫通。孫氏所說，近於陶淵
明「讀書不求甚解」之法。且陶氏所說：「每有會意，便欣然忘食。」亦近於
孫氏所謂「闕疑則他日或有可通」。孫德謙說：

> 闕疑則他日或有可通，使偶有疑義，而吾爲臆斷之，是強解古書，
> 古書於此受誣矣。〔註94〕

可知，孫德謙治學之方法，乃重視古書所載，客觀推求古書中義理，不妄加
議論。

第四節　孫德謙談古籍閱讀法

　　孫德謙在《古書讀法略例》一書中，對古籍的閱讀活動，提出了數種具
體的方法，是在上文所述較抽象的治學態度、方法外，從方法論的角度，明
確且具體地爲後學揭示閱讀古籍的門徑，並且分別揭示該法的概念、範疇和
方法。是近代論治學方法者中，將閱讀古籍抽離其他學科，從「讀」的角度
來論述。

一、校讀法

　　在《古書讀法略例》〈書用校讀例〉中，孫德謙提到使用「校讀法」來閱
讀古籍。「校讀法」作爲治學方法，至今已經有八十餘年。最早提出「校讀法」
名稱的是陳鐘凡，他在 1923 年出版《古書校讀法》，是近代第一本從方法論
觀點提出「校讀法」名詞的著作。〔註95〕1925 年，胡樸安《古書校讀法》一
書出版，全書分三部分論述古典文獻學內容，第一部分談古書基本常識，第
二部分談校勘概念與方法，第三部分談讀書方法。胡氏著作已將「校勘法」

〔註93〕孫德謙：《古書讀法略例》，頁 195。

〔註94〕孫德謙：《古書讀法略例》，頁 190。

〔註95〕趙逵夫認爲陳氏著作爲校讀法確定了範疇，認爲「全書的立足點在解決如何
正確閱讀古書的問題，故論及文獻學方面的有關重點，而以讀古書之要指、
方法、校書之途徑等爲重點。雖說仍然是論讀古書的常識，但已同純粹的校
勘學相區別。」趙逵夫：〈校讀法的概念、範圍與條件〉，《古籍整理研究學刊》
3 期（2007 年 5 月），頁 1。

和「讀書法」作出區隔。同年，孫德謙《古書讀法略例》出版，其中〈書用校讀例〉，提到校讀目的、校讀方法、校讀與校讎的不同等概念，將校讀與文獻學中的校勘分開論述。

孫德謙在〈書用校讀例〉中認為，校讀必須思、校並用，目的在通曉全書的旨趣，深入探索古人立言的意旨，發掘書中疑問，並加以解決，且對書中的美惡有所去取，而非僅止於字句之間的考訂。〔註96〕孫氏在文中更舉班固語，謂「劉向校書每每能夠條其篇目，撮其指歸」。相較於當時學者讀書，喜談校勘之法，卻僅止於字句之間的解釋。二者相比，則不可同日而語，因此提出讀書用校讀之法，以探尋古書立言之旨。〔註97〕

在校讀的具體方式上，孫德謙提出十一種方法，可概分為：「取他書以校讀」與「用本書作校讀」二類。在「取他書以校讀」的方法上，孫德謙認為：1、必須多備副本，以備校訂之用。2、須取宋元善本勝於今本者，用來校對。3、取相類之書以便校讀。4、以經校經，以子校子。5、取校對象，不限定在書，非書者亦可。6、取古類書中所採錄之書作校讀。7、取古注作校讀。在用本書作校讀的方法上，孫氏認為：1、以本書體裁作校讀。2、表記本書自誤之處，自作校記。3、以本書前後文作校讀。4、辨別古書中「注文混入正文」、「校語混入正文」者。〔註98〕

孫德謙提出「校讀」的目的，是希望讀者能夠順利閱讀古籍，了解書中

〔註96〕「吾謂思與校不可偏廢，當校讀時苟不用思，則其美惡必不知有去取，使書中疑誤，只憑吾之思索而不借他書以校勘，亦恐有臆改之弊。」孫德謙：《古書讀法略例》，頁139。又說「夫校書為古者專家之學，字句誠不可忽，然只在字句，讀一書而不明此書之意指，是必不能窺其大也。」孫德謙：《古書讀法略例》，頁139。又說：「故古書而用校讀，要在得全書意旨，斷斷為字句之辨，所見者淺矣。」孫德謙：《古書讀法略例》，頁140。

〔註97〕孫德謙謂：「班氏謂向校經傳諸子詩賦，每一書畢，輒條其篇目，撮其指歸，則向之檢校經史諸書，必博通一切學術，故能識其指歸所在，遂足創立專家之業，豈與後儒校書只沾沾於字句間者，所可同日而語哉？」孫德謙：《古書讀法略例》，頁127。又謂：「今人讀書，喜言校勘之法，卒之所尚者字句耳。余亦知字句之不可忽，然古書立言之旨則尤貴探索也。故余既明校讀之例，而論其要歸如此」孫德謙：《古書讀法略例》，頁140。

〔註98〕「其一為多備副本；其二為取宋元善本；其三為相類書；其四為以子校子；其五為不論何書，且有不必為書者；其六為古類書；其七為古注。其七以下則用本書，而本書之中又分出本書體裁為第八，本書自誤為第九，本書綜觀前後上下為第十，本書校語混入正文為第十一。」孫德謙：《古書讀法略例》，頁137。

意旨。因此，著重在「讀」而非「校」，這與校勘目的不同。〔註99〕因此，孫
德謙在文中也提出「校讀」與「校勘」的不同處，列舉如下：。

1、可隨所見校讀

孫德謙雖然將「多備善本」列爲校讀首務之事，但他認爲亦可隨所見校
讀，他說：

> 要之，既讀古書而欲用校對，則多備副本，其首務也。若恐別本
> 難得，或一時無從購備，則讀此書而不可通，疑其必有脫誤，可
> 隨所見以校讀，原不必萃聚多本，始行詳校，蓋今所重者在讀，
> 特懼義理難窺，故不能不用校讀之法耳。若果能副本全備，則更
> 善矣。〔註100〕

可見，孫氏認爲校讀是要協助通曉書中義理，而非恢復原書本來面貌，此與
校勘之法，須參照眾本以校訂不同。

2、不拘宋元刊本

校勘時，往往認爲宋、元刻本，距古較近，而引以爲校書善本。藏書家
亦多以宋、元刊本爲珍秘。孫德謙認爲宋、元刊本未必盡善，校讀古書不必
拘執於宋、元刊本。可以用精刊本、初印本、名家校本，作爲校讀時佐助。
〔註101〕

〔註99〕 胡適在〈元典章校補釋例序〉文中，提到校勘的目的是要改正傳寫的錯誤，
恢復一個文件的本來面目。（參見陳垣：《校勘學釋例》（上海市：上海書店
出版社，1997年7月），胡適〈元典章校補釋例序〉，頁1。）倪其心在《校
勘學大綱》中，認爲校勘的目的是：「把一種古籍的不同版本蒐集起來，比
較他們的文字語句的異同，審定其中的正誤，這就是古籍的校勘，通稱『校
勘』。」倪其心：《校勘學大綱》（北京市：北京大學出版社，1987年7月），
頁1。劉兆祐先生在《中國目錄學》對校勘的解釋分廣狹二義，認爲「『校
讎』，也稱『校勘』，有廣狹二意：狹義之『校讎』，以改正圖書在章句、文
字方面之訛誤爲主要工作；廣義之『校讎』，則涵蓋圖書之蒐採、整理及編
目等工作。」劉兆祐：《中國目錄學》（臺北市：五南圖書公司，2002年3
月），頁436。可見「校勘」的目的是在訂正古書的訛誤，恢復其原本面貌，
著重在「校」。

〔註100〕 孫德謙：《古書讀法略例》，頁128～129。

〔註101〕 「自來藏書家每喜收宋元舊槧，以矜珍秘，吾人讀書，似無藉乎此，況宋元
亦未必盡善，然苟有勝於今本者，當用之以校讀。」又「觀其用宋元本抉擇
去取，故宋元舊本果勝今本，讀古書者如得其本，用以校讀可也。其他精刊
本、初印本以及前賢已有此書校本，皆足爲吾校讀之助，亦不必拘拘於宋元
矣。」孫德謙：《古書讀法略例》，頁129。

3、不必侷限在書

孫德謙認爲，讀書必須從「無文字處求文字」、「無證據中得證據」。因此讀古書時，以求證據爲務。但求證據的範圍，並不侷限圖書文獻。他說：

> 校讀之法，古人有但期得有證據，不論何書，並且不必爲書者。〔註102〕

又說：

> 則讀古書者惟務得證據，不論何種書，且有非書者，亦一校讀之例也。〔註103〕

孫德謙舉《顏氏家訓》〈書證篇〉顏之推不拘說經之書，取班固〈靈臺〉詩的內容，校讀《詩經》之事；以金器「秦權」爲証據，證明《史記》〈始皇本紀〉中，丞相「隗林」應作「隗權」爲例。認爲「非圖書文獻」在治學時，亦扮演相當重要的的作用。劉兆祐先生在《文獻學》一書中，亦提到「非圖書文獻」，在校讀古書上，具有訂正古書傳本錯誤、可參證經義、可資訓詁、可補史料不足等的功用。〔註104〕

4、不必拘泥格式

孫德謙認爲，校讀須以精細、謹愼態度來進行，但不必過度拘泥於格式。他說：

> 《唐書》〈韋述傳〉：「述典掌圖書餘四十年，任史官二十年。蓄書二萬卷，皆手校定，黃墨精謹，内秘書不逮也。」其稱黃墨精謹者，當謂述之校書用黃墨二色筆以分別之，所校皆極精謹耳。然則今人校讀，亦用黃墨筆，奉以爲法乎？此似不必規規於是也，但期精謹可矣。〔註105〕

由此可見孫氏讀書知所變通，並不墨守成規，孫氏談「校讀法」，乃是著眼於有助思得書中意旨或錯誤，而非形式上的美觀。

對於孫德謙的〈書用校讀例〉一說，趙逵夫在〈校讀法的概念、範圍與條件〉一文中，認爲「校讀法作爲一種方法，孫德謙基本上同文獻學、校勘學區別開來了。」〔註106〕宋子然在《中國古書校讀法》中，則認爲：「孫氏所

〔註102〕孫德謙：《古書讀法略例》，頁132。
〔註103〕孫德謙：《古書讀法略例》，頁133。
〔註104〕參見劉兆祐：《文獻學》（臺北市：三民書局，2007年3月），頁201～247。
〔註105〕孫德謙：《古書讀法略例》，頁138～139。
〔註106〕趙逵夫：〈校讀法的概念、範圍與條件〉，頁2。

謂教讀的目的在於誦習古書、發古書之謬，是正確的；但他所談的方法仍等同於校勘。」〔註107〕筆者認爲，「校讀法」的概念，作爲讀古書的一種治學方法，到了孫德謙，已經確定了目的與基本方法。雖然在方法上，「校讀」與「校勘」仍有部分等同之處。但孫氏在文中已將「校讀」和「校勘」作明顯區隔論述，可說是將「校讀法」概念和範疇作初步的界定。

二、鈔讀法

鈔讀之法，古人早視爲讀書方法。〔註108〕孫德謙並不是從方法論的角度提倡「鈔讀」。但他在〈書用鈔讀例〉中，對鈔讀的目的、範疇、方法及好處，有明確的指示。

鈔讀的範疇，孫德謙認爲有七類書應鈔：1、叢書所錄無單行本之書，2、歷來目錄家所不載之孤本，3、書無刻本僅有鈔本者，4、所讀者爲不足本需補鈔齊全，5、於他本見某書佚篇者需儘速補鈔，6、書見注本需鈔錄各家注語，7、書爲名家校勘本需補鈔其校語。

在鈔讀的方法上，孫德謙認爲鈔書的功夫，在於「駑馬十駕，功在不舍」。需視爲每日功課，日鈔數紙，久而能成。他舉《顧亭林文集》〈鈔書自序〉所言：

> 先祖曰：「著書不如鈔書，凡今人之學，必不及古人也。今人所見之書之博，必不及古人也。小子勉之。爲讀書而已。」先祖書法蓋逼唐人，性豪邁不群，然自言少時日課鈔古書數紙，今散亡之餘尤數十帙，他學士家所未有也。〔註109〕

孫德謙認爲古人將鈔書視爲每日功課，且以鈔愈古之書爲愈善。

此外，孫氏又舉錢泰吉《曝書雜記》中所錄：

> 同邑曹種水明經言純，自弱冠專心辭章之學，家苦無書，借人書籍，節取其精華，蠅頭細書，三十餘年，無慮千百冊。〔註110〕

〔註107〕宋子然：《中國古書校讀法》（成都市：巴蜀書社，2004年8月），頁3。
〔註108〕嚴佐之認爲雕版印刷發明後，鈔本仍多的原因有三：「一來古人習慣把抄書當作讀書的好方法，『手寫一，敵口誦十』，抄書不斷，抄本疊出。二來因多種原因和條件的限止，總有一些圖書不能付梓印行，只能靠傳抄存世，這些抄本圖書的版本價值尤爲珍貴。三來古代藏書家大多要通過抄寫謄錄來補充藏書。」嚴佐之：《古籍版本學概論》（上海市：華東師範大學出版社，2008年10月），頁92。
〔註109〕孫德謙：《古書讀法略例》，頁143。
〔註110〕孫德謙：《古書讀法略例》，頁145。

提出鈔書有「節鈔」之法，節取精華而鈔錄。孫氏「精華」的定義，指的是讀者所感興趣的部分，可以是宋明儒書、名人文集、明季遺事、本鄉掌故等，並無限制。

對鈔書的禁忌，孫德謙指出古人鈔書，有所謂「影鈔」之法。〔註111〕他認爲鈔讀的目的在「讀」而非在「鈔」。「影鈔」之法，適用於收藏家收藏古書之用，非讀書人所急，不應以此爲法。

孫氏認爲，鈔書的好處，能夠避免因循，使人勤讀，且令人專心，有助於記憶，能幫助理解，使讀者能夠辨別學術源流，比較異同得失。此外，將鈔讀的稿子稍加整理，還可收尋檢方便之效。〔註112〕

三、點讀法

讀古書用「點讀」方法，由來已久。《禮記》〈學記〉篇便將「點讀」視爲教學重點。〔註113〕

古書自來即無標點，孫氏視此乃著作者爲讀書者所考量，使讀者閱讀時必須自行加點。如此可以再三經意於字句，進而探索意旨，使之精讀，避免泛覽。〔註114〕因此，孫氏認爲用「點讀」之法讀古書，亦是要辨別古書的句

〔註111〕「古人鈔書，有用影鈔者，其法則將宋元舊刻，摹其字體而爲之，又有取好紙佳墨，鈔之極精整者。」孫德謙：《古書讀法略例》，頁146。

〔註112〕孫氏謂其鈔書：「積稿盈篋，迄至於今，不特尋檢自便，而借書在手，則成誦在心，覺諸子之學術源流與其異同得失，往來於懷，遂能觀其會通，頗信獲益於鈔書者爲多。」又說：「凡人讀書，恆易疏略，其書而爲吾所有，不必借鈔於人，以爲予取予求，隨時可讀，於是因循曠廢，有竟不取讀者。自一經手鈔，當時意既專注，可使過目不忘，較之泛泛瀏覽者迥乎不同，吾是以知鈔讀之爲益宏多也。」又說：「蓋人當鈔書時，心神凝聚，字字不輕放過，而加以思索，入之既深，此書爛熟於胸中，其於書之義理，必能融會而貫通，此鈔書之所以大有裨益於讀書也。」孫德謙：《古書讀法略例》，頁146。

〔註113〕《禮記》〈學記〉：「古之校者，一年視離經辨志。」鄭注「離經，斷句絕也。」孔疏：「一年視離經辨志者，謂學者初入學一年，鄉遂大夫於年終之時考其業。離經，謂離析經理，使章句斷絕也。」

〔註114〕「古書向無圈點，蓋謂一用圈點，近於陋儒之所爲，不知此未爲讀書者計也。如著書之士早加圈點，豈不使後之讀者只須探索意旨，而於字句可不必經意乎？然古書之流傳至於今日，既相承無圈點矣，吾人在誦讀時，正宜自行用點，蓋一經點讀，其書文義或有難解者，及其上下句法，若何聯署，皆將再三諦審，與泛覽者不同。」孫德謙：《古書讀法略例》，頁146。

法。〔註115〕在《古書讀法略例》〈讀書宜辨句法例〉中，認爲古人著書，每著一句，必有其義所在，必須拿捏於字句之間，不可強加附會，隨意去取，妄加刪改。又引申《康熙字典》所錄〈增韻〉對句讀的解釋，〔註116〕提出「點讀」的具體方法，他說：

> 古書中，如語絕而成句者，可用圈。語未絕而又似可絕者，應於此字中間則用微點以分之，如是句讀說明，而義理亦不難得矣。蓋用點爲分，於上下文不致誤爲牽連，則書之義理必能瞭然也。〔註117〕

孫氏復舉《曾文正公家書》教誨子弟語，認爲用點讀之法讀書，必須從頭到尾，遍覽全書，不可首尾不全。他說：

> 昔閱曾文正家書，其教誨子弟，諄諄以點讀爲言，且謂點讀一書，必自始至終，不可首尾不完。其意蓋深以點讀爲尚，則讀古書者應用點讀之法，亦可見矣。〔註118〕

又說：

> 且吾所謂點讀者，蓋人既好讀古書，務覽其全，欲覽其全，當用點讀，在點讀此書時，又須觀其句法，辭氣已完者，則讀定爲句；辭氣未完，所云有所絕止者，則於此句之中，用點以絕止之。〔註119〕

由此可知孫德謙提出用「點讀法」讀古書的目的，一是辨別句讀，二是遍覽全書。

點讀之法流傳既久，自然衍生出許多不同的用法。例如：有點出讀音者，有點去煩字者，有標示重點者，有評點文字者等。孫德謙認爲：

> 余今言點讀者，則以點句爲主，如能兼爲點發字音，即取張氏之例亦可也。〔註120〕

又說：

> 彼於古書，因有煩文而用點，且自爲增減，不足爲法。何則？古人行文，復疊文法，則時有之，讀其書者遽行去取於其間，不免失之

〔註115〕「書用點讀，亦是辨句法也。」孫德謙：《古書讀法略例》，頁146。

〔註116〕《增韻》之解句讀云：「凡經書成文語絕處，謂之句。語未絕而點分之以便誦詠，謂之讀。今秘省校書式，凡句絕則點於字之旁，讀分則微點於字之中間。」孫德謙：《古書讀法略例》，頁150。

〔註117〕孫德謙：《古書讀法略例》，頁150。

〔註118〕孫德謙：《古書讀法略例》，頁146～147。

〔註119〕孫德謙：《古書讀法略例》，頁152。

〔註120〕孫德謙：《古書讀法略例》，頁148。

專輒。〔註 121〕

又說：

> 讀古書而不求其立言大旨，批點其文，則非爲法之善者，今用點讀，
> 只期通部加點，不使粗牳讀過。至於書之要語、警語以及事之始末
> 與言外意，在人點讀時自爲留意，無須如元人之標點，重在文字也。

〔註 122〕

對於評點之法，孫氏認爲：

> 惟古書而用點讀，則非評點之法。蓋評點是論文，今之所以點讀古
> 書者，將以求其學也。經史諸子，學問之所從出，爲學問而讀其書，
> 必須點讀一過，甚或數過而不憚其勞，與文章家之評點，其道則異
> 矣。〔註 123〕

由孫氏所論，可見其對點讀之法，僅在對全書遍覽詳讀，並且重視句讀，避
免失解，進而正確了解書中義理。

民國八年（1919），馬裕藻等人向當時教育部提出《請頒行新式標點符號
議案》。民國九年（1920）2 月，教育部發布第五十三號訓令《通令採用新式
標點符號文》，新式標點符號正式頒行。孫德謙並不排斥新式標點符號的實
施，他說：

> 新式標點非不當用，但所讀者爲古書，則一仍舊慣可耳。〔註 124〕

孫德謙從讀古書的角度來看待標點符號，認爲既讀古書，則標點的方法保持
傳統方式即可。

〔註 121〕孫德謙：《古書讀法略例》，頁 149。
〔註 122〕孫德謙：《古書讀法略例》，頁 149。
〔註 123〕孫德謙：《古書讀法略例》，頁 150。
〔註 124〕孫德謙：《古書讀法略例》，頁 152。

第四章　孫德謙之校讎目錄學研究

第一節　校讎目錄學研究概述

一、何謂校讎目錄學

「校讎」一詞，本稱「讎校」，最早見於劉向《別錄》：

> 讎校，一人讀書，校其上下，得繆誤爲校。一人持本，一人讀書，
> 若怨家相對，故曰讎也。〔註1〕

廣義的「校讎」是指「蒐集圖書、整理圖書等一切與治理圖書有關的工作」，〔註2〕包含分類、版本、校勘、輯佚、辨僞等古籍整理的工作。狹義的「校讎」是指「改正古書在文字、篇章等方面錯誤的工作」，〔註3〕包含校訂篇章、文字的內容，接近於近代「校勘」的概念。

「校讎」活動，據史料記載，最早可上溯至先秦時期。《國語》〈魯語下〉記載：「昔正考父校商之名頌十二篇於周太師，以〈那〉爲首。」正考父是周宣王時宋國大夫，大約是西元前九世紀末至八世紀初人。這是目前古書中，所記錄最早的校讎活動。

「校讎」活動要成爲一門學科，必須先具備學科基本知識，以及形成一定的步驟和方法。〔註4〕由於秦朝的焚書政策，造成書籍大量散亡，漢初雖廣

〔註1〕〔清〕嚴可均輯校：《全漢文》（北京市：北京商務印書館，《全上古三代秦漢三國六朝文》，1999年），頁337b。

〔註2〕劉兆祐：《治學方法》（臺北市：三民書局，1999年9月），頁271。

〔註3〕劉兆祐：《治學方法》，頁271。

〔註4〕「從事校讎，有其必具的基本學識及從事校讎時一定的步驟與方法。以基

開獻書之策，但由於未積極管理，結果再次造成書籍大量損壞。〔註5〕到漢成帝時，甫採取積極的態度管理圖書。《漢書》〈藝文志〉記載漢成帝對圖書管理的作爲：

> 詔光祿大夫劉向校經傳諸子詩賦，步兵校尉任宏校兵書，太史令尹咸校數術，侍醫李柱國校方技。每一書已，向輒條其篇目，撮其指意，錄而奏之。會向卒，哀帝復使向子侍中奉車都尉歆卒父業。歆於是總羣書而奏其《七略》，故有〈輯略〉，有〈六藝略〉，有〈諸子略〉，有〈詩賦略〉，有〈兵書略〉，有〈術數略〉，有〈方技略〉。今刪其要，以備篇籍。〔註6〕

漢成帝詔劉向等人進行圖書整理工作，其中包含大量校讎活動。最後劉歆總結這些活動撰成《七略》。因此，校讎成爲一門學科，最早開始於西漢劉向、歆父子。〔註7〕

二、校讎學的發展歷程

校讎學的發展歷程，各家討論和分期的方式不同。葉長青在〈十五年來之校讎學〉一文中，認爲「中國校讎之學可分三期，校讎四數爲一期，正考

本學識來説，必須瞭解古籍常見的訛誤現象；……。談到步驟，從校勘對象的擇定、底本的擇定、輔本的蒐羅、校例的寫定及校勘記的完成等，都有一定的程序。論及方法，常見的有對校法、本校法、他校法及理校法。……。所以，『校讎學』就是研究校勘的對象、校勘的步驟、方法、條件及校勘學的發展等相關問題的一門有系統的學科。」劉兆祐：《治學方法》，頁273～274。

〔註5〕 《漢書》〈藝文志〉〈總論〉中記載漢武帝到漢成帝之間，書籍未適當保管的情形：「漢興，改秦之敗，大收篇籍，廣開獻書之路。迄孝武世，書缺簡脱，禮壞樂崩，聖上喟然而稱曰：『朕甚閔焉！』於是建藏書之策，置寫書之官，下及諸子傳說，皆充祕府。至成帝時，以書頗散亡，使謁者陳農求遺書於天下。」

〔註6〕 〔漢〕班固撰、〔唐〕顏師古注：《漢書》（臺北市：鼎文書局，1986年），〈藝文志〉第十，頁1701。

〔註7〕 對於校讎學開始於西漢，有部分學者認爲「劉氏多在實踐卻少有理論」，不可稱爲校讎學。管錫華即說：「校讎學是研究校讎各方面問題的學問。比較有系統地研究校讎問題的是南宋鄭樵的《校讎略》，此書可以稱得上是校讎學的第一部專書，校讎學的歷史理當從這時寫起。」管錫華：《漢語古籍校勘學》（成都市：巴蜀書社，2003年12月），頁7。但從孫德謙《劉向校讎學纂微》一書中，可知劉向在實踐中，已經形成一套理論，當時進行這個大規模的圖書整理工作，必定有一套規則，雖未見諸文字，但不可說其無理論存在。

父、孔子是也；探討學術源流爲一期，向歆父子是也；輯佚爲一期，乾嘉諸儒是也。」〔註8〕蔣元卿在《校讎學史》中，以校讎學發展的狀態分爲：發軔期、建立期、衰落期、復興期、鼎盛期。〔註9〕他的分期僅劃分到清代，對於近代則較少論述。倪其心在《校勘學大綱》，則以時代作爲分期，共分爲十節討論。〔註10〕高尙榘主編《文獻學專題史略》一書中，以時代爲依據，分六期討論。〔註11〕本文據蔣氏分期，再加上近現代校讎學的發展，已逐漸理論化的過程，討論校讎學的發展歷程：

1、發軔期

校讎學發軔，約上古三代時。蔣元卿認爲：「其時，校讎之法未立，然是正僞訛，整齊脫誤，亦可稱爲校讎之權輿。是謂發軔期。」〔註12〕

2、建立期

西漢劉向校理中秘書，建立校讎學基礎。因此，兩漢時期可說是校讎學建立期。當時除劉向校理群書，還有班固著《漢書》〈藝文志〉、鄭玄校理群經等成績。

3、衰落期

東漢末年，中國陷入長期戰亂。到了魏晉南北朝，更是中國歷史上的變動時代。秘閣典籍，散佚無存，稽古右文之事，自然無暇兼顧。當時雖有王儉撰《七志》，但「不述作者之意，但於書名之下，每立一傳，而又作九篇條例，編乎卷首之中，文義淺近，未爲典則」，〔註13〕是校讎學的衰落期。

〔註8〕　葉長青：〈十五年來之校讎學〉，《學術世界》1卷12期（1936年7月），頁16。

〔註9〕　蔣元卿：《校讎學史》（合肥市：黃山書社，1985年12月），頁7～11。

〔註10〕　倪其心《校勘學大綱》第二章〈校勘的歷史發展和校勘學的形成建立〉，共分十一節，扣除第一節外，他將校讎學的發展分爲十期討論，分別爲：「先秦有關校勘的記載、西漢劉向開創校勘規程、漢末鄭玄的校勘業績、魏晉校勘的特點、南北朝校勘趨向獨立、唐代不重校勘的傾向、宋代校勘向理論發展的趨勢、元、明的校勘、清代校勘學的形成、近代校勘學的建立。」倪其心：《校勘學大綱》（北京市：北京大學出版社，2004年7月），頁6～71。

〔註11〕　岳書法所撰〈校讎學史略〉，分校讎學史爲「萌芽期、兩漢時期的校勘、魏晉南北朝時期的校勘、唐宋元明時期的校勘、清代的校勘、現當代的校勘」。高尙榘主編：《文獻學專題史略》（濟南市：齊魯書社，2007年12月），頁90～131。

〔註12〕　蔣元卿：《校讎學史》，頁8。

〔註13〕　蔣元卿：《校讎學史》，頁9。

4、復興期

唐宋元明時期，文化思想昌盛，校勘成果有：陸德明《經典釋文》、顏師古《五經定本》、岳珂《九經三傳》、彭叔夏《文苑英華辨證》、吳縝《新唐書糾謬》等代表性著作，及《說文解字》重新校理。鄭樵撰《通志》〈校讎略〉，更是校讎學史上第一本談論校讎理論專著。此時期出現獨立完整的專書校勘著作，並從經史典籍的校勘擴大到總集、別集的專門校勘，同時在校勘實踐豐富經驗的基礎上，出現了向校勘理論發展的最初趨勢，對校勘原則和類例開始進行初步歸納、總結和探討。〔註14〕可稱為校讎學的復興期。

當時的校讎著作，大多整理古書錯誤的原因，並歸納發生錯誤的規律，再就改正錯誤的方法，制定條例，僅能算是校讎理論的先聲。如：彭叔夏《文苑英華辨證》，就歸納校勘《文苑英華》一書的成果為四十五種條例。這種條例式的著作方法，一直影響到清代。

到了元、明之際，理學流於空疏，學者養成束書不觀的惡習。開始有人提倡「捨經學無理學」的看法，試圖擺脫宋明理學的遺毒，返回探求古書原本。

5、鼎盛期

明末清初，最早反對理學的是顧炎武。他以「崇尚實學」為號召，主張「經學即理學」。他考證古音、經傳文字，〔註15〕規定研究範圍，創新研究方法，奠定了清代校讎學的基礎。此外，清初一方面大興文字獄，以箝制思想，造成學風開始轉向樸學；〔註16〕另方面，提倡學術，懷柔士子，有《古今圖書集成》、《四庫全書》的編纂。因此，清代學者累積了大量的校讎經驗，加上文字、聲韻、訓詁等專門學科的發展，產生許多優秀校讎理論和觀點。趙仲邑《校勘學史略》說：「其中取得顯著成績者，如戴東原、段玉裁、王念孫、王引之、阮元、孫詒讓等之於經，王鳴盛、王先謙、章學誠等之於史，王念孫、俞樾、孫詒讓等之於子，蔣驥、仇兆鼇、馮浩等之於集，顧炎武、戴東

〔註14〕高尚榘主編：《文獻學專題史略》，頁105。

〔註15〕顧炎武在《日知錄》中，提倡實事求是之學，在其著作《音學五書》、《韻補正》中考訂古音；在《九經誤字》、《五經同異》、《石經考》中考證經傳文字。

〔註16〕倪其心認為：「清初文字獄的直接後果之一，便是迫使一部分學者埋頭故紙，整理研究經學，即近代所謂『國學』。文化學術史上盛稱的『乾嘉樸學』，實質是對古代文史哲學的史料考證，所以思想史上稱之為『考證學派』或『考據學派』。清代考證學的重大成就之一，就是形成了校勘學。」倪其心：《校勘學大綱》，頁48。

原、錢大昕、段玉裁、王念孫、桂馥、郝懿行、朱駿聲、王鳴盛等之於小學都立了大功。」〔註17〕清代可以說是校讎學的鼎盛期。

由於治學途徑不同，清代校讎學產生兩個流派，一是以惠棟爲始祖，盧文弨、顧廣圻爲代表的「吳派」；一是以戴震爲首的「皖派」。吳派的特色在重視版本依據，以「存古」作爲校讎標準，強調保存古書原貌，反對「妄改」和「臆改」，強調對古書的錯誤加以「說明」而不作更改，又稱爲「對校學派」。錢大昕、汪中等人，爲此派學者。皖派特色是不盡信古書，對於古書的錯誤不僅勇於糾正，透過文字、聲韻、訓詁、歷史的方法，客觀鈎稽參驗，考證分析異文，不僅止於照本改字。主張訂正古人刊誤，改正古書誤字，又稱爲「理校學派」。段玉裁、王念孫、王引之、俞樾等考據學的代表學者，皆爲此派人物。這兩個流派對校勘的原則，均是「存眞復原」，但在校勘的依據上，對校派重視古本舊本，注存異文，反對臆斷妄改，以避免誤改而不便復原；理校派則根據古書義理，重視異文的分析、推理與考訂，要求明辨是非，並敢於改動文字。

雖然，清代的校讎活動興盛，但當時校讎的目的是在「解經」，而非獨立爲一個學科。因此，對校讎學的理論，僅停留在類例的歸納，並未建立獨立的校讎學理論體系，且未有單獨校讎學理論著作產生。此時期校讎學理論的撰作方式，仍然承繼前人「類例式」的撰作方法。如：王念孫的《讀書雜誌》，即歸類《淮南內篇》的訛誤爲六十四種錯誤的類型；俞樾《古書疑義舉例》，亦歸類古書異文二十八條，指出古籍錯誤的原因和例證。這種校讎學著作的撰著方式，一直到民國都還沿用。

6、理論期

清末民初，是校讎學理論具體化建立時期。當時學者對校讎學看法仍受到清人影響，如：葉德輝《藏書十約》，除了提出校勘重要性外，並據清代校讎學分派，提出「活校」、「死校」的看法。〔註18〕此外，仍有沿用「類例」方式，撰寫校讎學著作者，如：俞樾著、劉師培補、楊樹達續補、馬敍倫校錄、姚維銳增補的五種《古書疑義舉例》。

一直要到民國二十年（1931），陳垣《元典章校補釋例》〔註19〕一書的出

〔註17〕趙仲邑：《校勘學史略》（長沙市：岳麓書社，1983年1月），頁76。
〔註18〕趙仲邑：《校勘學史略》，頁127。
〔註19〕陳垣所注《元典章校補釋例》，後來更名爲《校勘學釋例》。

現，才具體建立了校讎學理論體系。該書以沈家本刻《元典章》爲典型資料，〔註20〕透過歸納、類例，提出校讎方法和改字原則。他所提出的校讎四法：對校法、本校法、他校法、理校法，成爲後來校讎學通例。該書一出，具體總結校讎理論、方法和原則，成爲校讎學通用之理論、方法。

此時期由於學術分科日細，加上校讎通才難得，因此各家學者在校理圖書時，有的專門比較文字異同，有的注重記載版本，有的專門編次書目，因此校讎學逐漸分科爲校勘學、版本學、目錄學。葉德輝在《書林清話》中，便明爲分說：

> 近人言藏本者，分目錄、版本爲兩種學派。然二者皆兼校讎，是又爲校勘之學。本朝文治超軼宋元，皆此三者爲之根柢。〔註21〕

由於「校讎」具有廣義、狹義兩層意義，加上「校讎」、「校勘」活動有部分重疊關係，因此「校讎學」、「校勘學」往往有混用情形。現今，臺灣對校讎的廣狹二義，仍然是混用的。而中國則對將校讎與校勘分開，校讎學較接近文獻學，校勘學則專指校勘一科，以「校勘」作爲學科專名，在中國已逐漸統一。

第二節　孫德謙之劉向校讎學研究

一、歷代劉向校讎學研究概述

校讎學發展歷程中，自校讎學發軔以來，主要是校讎的活動發展。一直到近代，才開始有具體校讎理論。

劉向爲校讎學史上第一位進行大規模圖書校理工作者。當時劉向擔任漢成帝整理圖籍工作的總策劃，外緣因素有政府的支持，得到各學科專家的協助；內在條件則是從漢興廣開獻書之路以來，到漢成帝的一百多年之間，所收藏的全國圖書作支持。他的校書工作可說是具備天時、地利、人和。〔註22〕

〔註20〕陳垣認爲這是一本寫刻極精、校對極差的本子，可作爲校讎學的典範。
〔註21〕〔清〕葉德輝：《書林清話》（長沙市：岳麓書社，1999 年 4 月），卷一，頁21～22。
〔註22〕《漢書》〈藝文志〉記載成帝時「詔向領校中《五經》秘書」，孝惠之世「大收篇籍，廣開獻書之路」，成帝時「使謁者陳農求遺書於天下」。此外西漢是總成春秋戰國以來活躍的學術思想的時代，當時經學、史學、子學各有專家輩出，加上成帝「詔光祿大夫劉向校經傳諸子詩賦；步兵校尉任宏校兵書；

因此，劉向校讎的活動，獲得可觀成果。而校讎活動中所採用的方法，則成爲後世校理圖書，所師法的對象。

歷代對劉向校讎學成就，均就片面敘述性文字，如：《漢書》〈藝文志〉「劉向司籍，辨章舊聞」、「劉向司籍，九流以別」。《隋書》〈經籍志〉「漢時劉向《別錄》、劉歆《七略》，剖析條流，各有其部，……故王儉作《七志》，阮孝緒作《七錄》，並皆別行。大體雖準向、歆，而遠不逮矣。」〔註23〕皆僅止於對劉向、歆父子校讎活動的敘述，或校讎成果、影響的描寫，少有理論性論述。

最早對劉向校讎活動作理論性論述者，應爲南宋鄭樵。《通志》〈校讎略〉中，他提出二十三個論題，針對《漢》〈志〉、《隋》〈志〉以及唐、宋時期的各種目錄作論述。他對劉向「編次類例」工作，有深入討論。然張爾田認爲鄭樵對劉向校讎的認識，尚有不足：

> 漁仲之〈校讎略〉，於編次之法，論之極爲詳備。然責向不收蕭何《律令》、張蒼《章程》，又以經、傳、諸子、詩賦不存圖譜，斥之爲章句之儒，猶未爲知向者也。〔註24〕

除了鄭樵之外，清代章學誠在《校讎通義》中，著有〈宗劉〉篇，推崇劉向校讎經驗。此篇也僅止於在類例上「辨章學術，考鏡源流」的研究。張爾田說：

> 實齋之書，折衷諸家，究極源委，有見於官師合一，是其所長。其爲《校讎通義》也，特著〈宗劉〉一篇，以示學者趨嚮，可謂有功於向者。顧其意，亦但以四部既分，欲人於類別中略附便章之義，如斯而已。至於，向之所以爲學，不特語焉未詳，亦且蓄焉而未發，抑其疏矣。〔註25〕

最早對劉向校讎方法做有系統、全面性的歸納者，應屬孫德謙《劉向校讎學纂微》。書中，孫德謙總結劉向校讎方法爲二十三項義例，分別爲：備眾本、定脫誤、刪復重、條篇目、定書名、謹編次、析內外、待刊改、分部類、辨

太史令尹咸校數術；侍醫李柱國校方技」。可知劉向校書，具備了各方面的條件，方能順利進行，取得重大的成績。

〔註23〕〔唐〕魏徵等撰、楊家駱主編：《新校本隋書附索引》（臺北市：鼎文書局，1980年），〈經籍志〉〈簿錄篇〉，頁992。

〔註24〕孫德謙：《劉向校讎學纂微》（民國十二年四益宦刊本），張爾田〈序〉，頁2a。

〔註25〕孫德謙：《劉向校讎學纂微》，張爾田〈序〉，頁2a。

異同、通學術、敍源流、究得失、撮指意、撰序錄、述疑似、準經義、徵史傳、闕舊說、增佚文、考師承、紀圖卷、存別義。孫氏將劉向校讎活動系統化，轉化成為理論的義例。張爾田在《劉向校讎學纂微》〈序〉中即說：

> 此專書於以闡揚向之所以為學，千載絕詣，待君而發其覆，夫豈偶然。董仲舒有言：「知其旨者，不任其辭，不任其辭，則可以適道矣。」惟不任其辭，而通其旨，其於讀君書也，庶有當乎。〔註26〕

可知，孫德謙《劉向校讎學纂微》一書，是歷代以來第一本研究劉向校讎思想的著作。余嘉錫《目錄學發微》中，多徵引孫德謙書中的看法。王欣夫《文獻學講義》書中，亦有專節討論孫德謙對劉向校讎學的研究。胡楚生《中國目錄學》書中，稱孫德謙此書是「近世研治劉向校讎之學，其最著者」。〔註27〕又說：

> 《劉向校讎學纂微》一書，則係闡釋劉向校讎目錄學之專著，其書分為二十三目，計為備眾本、訂脫誤、刪複重、條篇目、定書名、謹編次、析內外、待刊改、分部類、辨異同、通學術、敍源流、究得失、撮指意、撰序錄、述疑似、準經義、徵史傳、闕舊說、增佚文、考師承、紀圖卷、存別義等，劉向校理舊籍之事，孫氏此書，為之闡發，可謂無餘蘊矣。〔註28〕

可知孫德謙此書對劉向校讎方法的研究，十分深入且詳盡。因此，後人對劉向校讎學的研究，大抵皆本孫德謙所論。即使有異於孫德謙者，亦不脫其所列之二十三項義例。

二、劉向校讎學纂微探究

（一）著作動機

《劉向校讎學纂微》是孫德謙為了闡發劉向校讎之學，並針對當時在校讎理解上的歧異而作。孫德謙早年從事訓詁章句之學，後來私淑章學誠，受章學誠著作影響，改習流略之學。先於《漢書》〈藝文志〉有所心得，因此著作《漢書藝文志舉例》。而後有感於：

> 世之講版本者，得宋元以矜奇閟。而於書之義理，則非所知。以為劉氏向、歆之所長，祇此璵璵辨訂於字句之間，未能條其篇目，撮

〔註26〕孫德謙：《劉向校讎學纂微》，張爾田〈序〉，頁 2b。
〔註27〕胡楚生：《中國目錄學》（臺北市：文史哲出版社，1995 年 9 月），頁 16。
〔註28〕胡楚生：《中國目錄學》，頁 214。

其指歸。於是又治向、歆父子之學。〔註29〕

孫德謙五十五歲時撰《劉向校讎學纂微》一書，張爾田在〈序〉中言：

> 《纂微》之作，孫君益葊所以表纂劉向氏一家之學也。〔註30〕

又說：

> 自來爲校讎者夥矣，莫高劉向氏。故向之所以爲學，則人多未知之。
> 〔註31〕

又說：

> 寥寥數千載，能知向之學者，殆不數人。宋之鄭漁仲，本朝之章實
> 齋，蓋嘗有慨於斯矣。〔註32〕

又說：

> 世之號稱目錄家者，一再傳後，寖失其方。百宋千元，標新炫異。
> 其善者爲之，亦不過如吾所謂於寫官之異同，官私著錄之考訂，而
> 止剖析條流，以爲綱紀，固概乎未之有聞。方且以此仰推於向，曰：
> 「吾之學乃向之學也。」夫寧非蔽歟。〔註33〕

可知，孫德謙撰作《劉向校讎學纂微》之動機，一方面有感研究校讎者，皆
歸祖劉向，但劉向校讎方法，卻無人做全面探討。因此，孫德謙希望有系統
分析劉向校讎方法，以示世人。另方面則是對版本學家，僅重視古書刊刻的
時代，而不重視書中義理的行爲，提出其看法。再者，對校讎學的學科概念，
由於各自理解的不同，歧異很大，孫氏亦在此書中，提出他的看法。

（二）著作體例

　　《劉向校讎學纂微》將劉向校讎方法，歸類爲二十三個主題，並加以討
論。每個主題下，包含孫德謙對該主題的定義，及孫氏舉歷代校讎古書之例，
作爲參證。如孫氏於「備眾本」條說：

> 校書之事，必備有眾本，乃可以決擇去取。近世如阮文達之校《十
> 三經》，有所謂單經本、經注本、單疏本、注疏本。謝墉之校《孫卿
> 子》，有所謂影鈔大字本、宋本、元刻纂圖互注本、明虞氏、王氏合

〔註29〕王蘧常：〈元和孫先生行狀〉，《大夏周報》12 卷 9 期（1935 年 12 月），頁 185。
〔註30〕孫德謙：《劉向校讎學纂微》，張爾田〈序〉，頁 1a。
〔註31〕孫德謙：《劉向校讎學纂微》，張爾田〈序〉，頁 1a。
〔註32〕孫德謙：《劉向校讎學纂微》，張爾田〈序〉，頁 2a。
〔註33〕孫德謙：《劉向校讎學纂微》，張爾田〈序〉，頁 1b。

校刻本、明世德堂本、明鍾仁傑本是也。姑舉一二，此外無不皆然。
〔註34〕

即對「備眾本」一法作敘述，並舉阮元校《十三經》、謝墉校《孫卿子》時，參考眾本的方法，作爲參證。

　　此外，孫德謙在各主題中，又舉劉向校書中符合該主題的例子，以證此校讎之法爲劉向所創。如在「備眾本」條，孫德謙說：

> 其法則實創於劉向，向之《別錄》，今不傳。其可攷見者，如《晏子》云：「所校中書，《晏子》十一篇，臣向謹與長社尉臣參校讎，太史書五篇，臣向書一篇，參書十三篇。」《管子》云：「所校讎中《管子》書三百八十九篇，大中大夫卜圭書二十七篇，臣富參書四十一篇，射聲校尉立書十一篇，太史書九十六篇。」《關尹子》云：「所校中祕書《關尹子》九篇，臣向校讎太常存七篇，臣向本九篇。」《列子》云：「所校中書，《列子》五篇，臣向謹與常社尉臣參校太常書三篇，太史書四篇，臣向書六篇，臣參二篇。」《鄧析子》云：「中《鄧析書》四篇，臣敘書一篇。」由此觀之，向之檢校群籍，固備有眾本矣。〔註35〕

孫德謙舉《晏子書錄》、《管子書錄》、《關尹子書錄》、《列子書錄》、《鄧析書錄》中所錄，劉向校書時所備各本數目爲例，證明劉向校書時採用此法。此外，孫氏還對劉向書中脫例處作解釋，他在「備眾本」條，續曰：

> 雖於《荀子》、《國策》不言有某本，然〈國策書錄〉云：「中書餘卷，錯亂相糅莒，又有國別者八篇，少不足。臣向因國別者，略以時次之，分別不以序者以相補。除復重，得三十三篇。」是中書中有國別之本，有不以序之本。又〈孫卿書錄〉云：「中《孫卿書》凡三百二十二篇，以相校，除復重二百九十篇。」夫復重至二百九十篇之多，中書非一本可知。則中書之中，又自有多本矣。若是，此二書者，非謂無他本可校也。然則欲校一書，需備眾本，有斷然者。〔註36〕

此外，孫氏復旁徵歷代對於劉向校書之法，與該主題有相關者的記載，以爲佐證。「備眾本」條後，孫氏取北齊樊遜所刊定的《祕府書籍》議按語、王應

〔註34〕孫德謙：《劉向校讎學纂微》，頁 1a。
〔註35〕孫德謙：《劉向校讎學纂微》，頁 1a-1b。
〔註36〕孫德謙：《劉向校讎學纂微》，頁 1b-2a。

麟《漢書藝文志考證》中的記載作爲旁證：

> 北齊樊遜〈刊定秘府書籍議〉：「按漢中壘校尉劉向受詔校書，每一
> 書竟，表上，輒言：『臣向書、長水校尉臣參書、太史公、太常博士
> 書、中外書合若干本，以相比校，然後殺青。』今所讎校，供擬極
> 重，出自蘭臺，御諸甲館。向之故事，見存府閣，即欲刊定，必藉
> 眾本。」王應麟《漢書藝文志攷證》：「劉向受詔校書，每一書竟，
> 表上，輒言：『臣向書、長水校尉臣參書，太常博士書、中外書，合
> 若干本。以相比校，然後殺青。』是皆謂其能備眾本也。」以此爲
> 言，校讎之學其所先務者，在眾本之取備，大可見矣。〔註37〕

孫氏舉前人說法以爲旁證，證明己說已有根據，並非虛造。

　　此外，孫德謙《劉向校讎學纂微》一書中，凡對引文有疑義處；需要加以說明處；孫氏於其他的著作中，提及相關概念者；繼承章學誠學說之處，孫德謙輒以小字作注腳。

1、對引文有疑義處

　　孫德謙對其所引之文有疑義者，即在文中疑義處下，加注說明。如：「備眾本」條中，引用《秘府書籍》的文字「大夫公太常博士書」時，即加注「夫疑作史」。〔註38〕孫氏加注「疑作」，是謹守「讀書用闕疑例」，對引用文字負責，不擅自更改。但仍提出個人看法，並提醒讀者注意。

2、需要說明者

　　孫德謙對文中所述，認爲需說明者。爲免妨礙行文流暢，故以小字注記說明。例如「訂脫誤」條中，加注：

> 《北堂書鈔》，古文或誤「以見爲典」、「以陶爲陰」，如此類多，此
> 未言所校何書，附此。〔註39〕

「存別義」條中，加注：

> 以上「或云」，皆爲顧千里《韓非識誤》中語，誠爲有見。〔註40〕

「徵史傳」條中，對其所引稱事，加注：

> 此引《七略》，據《隋志》及《兩唐志》本稱《七略別錄》，故後人

〔註37〕孫德謙：《劉向校讎學纂微》，頁 2a-2b。
〔註38〕孫德謙：《劉向校讎學纂微》，頁 2b。
〔註39〕孫德謙：《劉向校讎學纂微》，頁 3b。
〔註40〕孫德謙：《劉向校讎學纂微》，頁 51b。

輯本，往往兩載之。其實文則一也，今於單稱《七略》者，亦錄入焉。〔註41〕

3、孫氏已於其他著作提及者

孫德謙《劉向校讎學纂微》是在他五十五歲時所作，成書較晚。其中所提到的看法，部分已於其他著作中提出過，孫德謙往往加注說明，以示讀者求索學問門徑。如於「謹編次」條中，即注有：

余所著《漢書藝文志舉例》多言編次之事，可參閱。〔註42〕

表示此看法已於《漢書藝文志舉例》一書中，有詳細的說明，故此處不再贅言，僅略敘之。若讀者有興趣，自行參看即可。

4、繼承章學誠學說者

孫氏書中對於章學誠所提出的看法，不論是直接敘述章氏說法，或自我表明承自章氏學說者，均加注說明。如「分部類」條，加注：

別裁、互著，見余所著《漢書藝文志舉例》，說本章實齋。〔註43〕

又「備眾本」條加注：

《章氏遺書》〈校讎通義〉〈校讎條理〉云：「校讎宜廣儲副本。劉向校讎中秘，有所謂中書，有所謂外書，有所謂太常書，有所謂太史書，有所謂臣向書，有所謂臣某書。夫中書與太常、太史則官守之書，不一本也。外書與臣向、臣某則家藏之書，不一本也。夫博求諸本乃得讎正一書，則副本固將廣儲以待質也。」其論書之校讎在廣儲副本，又為分別官守、家藏說，亦極精審。〔註44〕

由此可見孫德謙自陳其所承，以示讀者其學說之淵源。

三、孫氏對劉向校讎義例之研究

孫德謙《劉向校讎學纂微》，將劉向校讎中秘的活動，歸納為二十三條義例，分別為：備眾本、訂脫誤、刪復重、條篇目、定書名、謹編次、析內外、待刊改、分部類、辨異同、通學術、敘源流、究得失、撮指意、撰序錄、述疑似、準經義、徵史傳、闕舊說、增佚文、攷師承、紀圖卷、存別義。孫德

〔註41〕孫德謙：《劉向校讎學纂微》，頁39a-39b。
〔註42〕孫德謙：《劉向校讎學纂微》，頁13a。
〔註43〕孫德謙：《劉向校讎學纂微》，頁19b。
〔註44〕孫德謙：《劉向校讎學纂微》，頁2b-3a。

謙所歸納之二十三條義例，可說是劉向校讎中秘書的工作手冊。以下將劉向校讎中秘活動，分爲「典校秘書」和「撰寫敘錄」兩個階段，就孫德謙所述，再調整歸類，以見其說。

（一）典校秘書之義例

孫德謙認爲，劉向在典校秘書時，遵循著以下步驟：

1、備眾本

孫德謙認爲後人校書，往往參考眾多版本，其法始自劉向。他從《別錄》佚文中，考見劉向校書時，所參考之書有：官守之書含，中書、外書、太常書、太史書；私人藏書含，臣向書、臣某書等。認爲劉向校讎時，必備有眾本以供參稽。

2、刪複重、增佚文

劉向校讎中秘時，比較一書中的各種版本，若有文字完全相同的重複篇章，則留其一而刪其餘。但有其例外者，一爲「旨同而辭少異」，即大旨相同，但文字上有不同者，則一同備列，而不刪去。孫德謙說：

> 不讀《晏子春秋》乎，〈序〉言：「又有復重，文辭頗異，不敢遺失，復列以爲一篇已。」可知復重之列入篇數，以其文辭自異矣。〔註45〕

二爲「兩家之書」，即使兩書文辭相同，仍一同備列，不妄爲刪去。孫德謙說：

> 抑吾猶有説焉：《韓非子》〈飭令篇〉與《商君書》〈靳令篇〉，文無甚出入，向乃兩存之，不聞言其復重者，何也？向校讎之例，復重固在所就刪，倘爲兩家之書，而商、韓又俱長於法，雖明知其復重，則不欲爲之妄刪。〔註46〕

由此可知，劉向校書時，雖然有刪複重，以避免重出的辦法。但仍抱持著避免遺失的心態，謹愼爲之。

除了刪除複重外，劉向亦有增補佚文者。孫德謙認爲《晏子春秋》中「越石父」、「御之妻」二篇，即劉向所增佚文。他說：

> 此兩事者，《晏子》載之，然史贊則曰：「至其書世多有之，是以不論，論其軼事。」夫既曰「軼事」，則其書不當有而有之者，非向據史本傳以及佚文而增置之乎？……向於〈書錄〉不云乎「太史書五

〔註45〕孫德謙：《劉向校讎學纂微》，頁 5a。
〔註46〕孫德謙：《劉向校讎學纂微》，頁 5b。

篇」，明明向校讎時，見太史之書有此佚文，謂非向所增可乎？乃近
之不善讀書者，因此佚文之增，而疑爲六朝後人僞爲，可謂陋且妄
矣。〔註47〕

由上述可知，劉向校書時，不僅刪除複重，亦有增補佚文，以蒐羅散佚。

3、條篇目、謹編次、析內外、分部類

《漢書》〈藝文志〉：「每一書已，向輒條其篇目。」即指出每本書中原有
的篇目，劉向校讎時都將其分條羅列。孫德謙從劉向《七錄》佚文中，勾勒
出劉向校讎中秘時，有「其書本無一定篇數，經劉向條次而始定者」、「其書
舊爲若干篇，向特刪減者」。又從史志目錄中，考見「向之篇目溢出於今本者」。
從古書注疏中，見劉向「於篇目之中，並爲排其次第者」、「既條篇目，而明
其所屬類例者」、「所條篇目，與今本不同者」。又從王應麟《漢書藝文志考證》
中考證今存古籍篇目，發現有「今書雖亡，而向在校讎時，爲舉其篇名者」。

除了條舉一書篇目之外，孫德謙認爲劉向在一書的篇章次第上，亦謹愼
安排，以爲區別。他說：「吾觀於向之校書，其於一書篇第，且惟謹謹焉，而
有區別於其間。」〔註48〕他對〈晏子書錄〉所云：「又有復重，文辭頗異，不
敢遺失，復列以爲一篇。又有頗不合經術，似非晏子言，疑爲後世辨士所爲
者，故亦不敢失，復以爲一篇。」孫德謙認爲劉向「其編次條理，斟酌於輕
重得失，前後乃位置得宜也」。〔註49〕又從〈國策書錄〉云：「臣向因國別者，
略以時次之。」認爲劉向在一書的編次上，一則依照書中內容的輕重得失，
而斟酌次序。一則依照時代先後，重新編次。認爲：「向校讎時，考其時代而
重爲編次，所以昭其謹也。」〔註50〕

一書之中，劉向有分其爲內外篇者，如《晏子書錄》即析爲內、外篇。
孫德謙認爲劉向所分內、外篇，乃是爲了區分官守之書，及家藏之書而設，
無內容高下之分。他說：「內、外篇者，非向故爲軒輊。」〔註51〕又說：

> 《晏》、《莊》二書，或稱內篇，或稱外篇，必無深意。行乎其間，
> 不過謂此出天祿、此出民間，所得如斯而已。〔註52〕

〔註47〕 孫德謙：《劉向校讎學纂微》，頁 44b-45a。
〔註48〕 孫德謙：《劉向校讎學纂微》，頁 12a。
〔註49〕 孫德謙：《劉向校讎學纂微》，頁 12a。
〔註50〕 孫德謙：《劉向校讎學纂微》，頁 12a。
〔註51〕 孫德謙：《劉向校讎學纂微》，頁 14a。
〔註52〕 孫德謙：《劉向校讎學纂微》，頁 14b。

孫氏認爲，劉向區分內、外篇，乃是以其書爲依據，並非任憑己意而區分高下，妄分內外。

一書之內，劉向條篇目、謹編次、析內外。一書之外，劉向則將書籍分別部類，加以類例，進而剖析流派。孫德謙認爲「劉歆之任校讎也，乃是卒成父業」，故孫德謙認爲《漢書》〈藝文志〉所錄劉歆《七略》之分類，乃承劉向之分類。他認爲劉向分別部類的方法，一以著作的動機分，如：《史記》次於《春秋》類中，孫德謙認爲：

> 《史記》繼《春秋》而作，故次於《春秋》類中，最爲知本。〔註53〕

一以著作的數量多寡分，如：詩賦之成爲一略，乃是當時詩賦之書數量甚多，故別分爲一類。他說：

> 然例以義起，詩賦一略，豈非詩家之流，其書既多，故爲別分部類。
> 〔註54〕

一以聖人之政教而分，如：〈兵書〉、〈數術〉、〈方技〉三略與〈諸子〉略，後世均歸於同類，而劉向則各自獨立一類。孫德謙說：

> 吾顧凤有所疑，及讀《隋書》而得其解焉。有曰：「儒、道、小說，
> 聖人之教也，而有所偏；兵及醫、方，聖人之政也，所施各異。」
> 是向匪但部類井然，并有政教之分矣。〔註55〕

又孫德謙引章學誠的說法，認爲劉向分部類，還有別裁、互著之法，他說：

> 別裁、互著斯眞向之習於部類耳。〔註56〕

別裁之法，即將全書各篇，分辨其性質，如屬於其他類，則別行裁出，置於其他類。孫氏謂：「探之全書，而以彼一類者，別行裁出，置於此類耳。」〔註57〕如：《管子》之書，載之《論語》、《孝經》，即爲此類。互著之法，即一書名，分屬兩類之中，交叉著錄，以便參見。孫氏謂：「互著者，兩類之中，不妨參錯互見耳。」〔註58〕如：〈儒家類〉有《景子》、《公孫尼子》、《孟子》，而《公孫尼》又見於〈雜家〉，《景子》、《孟子》也見於〈兵家〉，即爲此類之法。

〔註53〕孫德謙：《劉向校讎學纂微》，頁18b。
〔註54〕孫德謙：《劉向校讎學纂微》，頁18b。
〔註55〕孫德謙：《劉向校讎學纂微》，頁18b。
〔註56〕孫德謙：《劉向校讎學纂微》，頁18b-19a。
〔註57〕孫德謙：《劉向校讎學纂微》，頁19a。
〔註58〕孫德謙：《劉向校讎學纂微》，頁19b。

4、訂脫誤、辨異同、待刊改

劉向校讎書籍時，對於書中有脫誤處，必詳加刊改。孫德謙說：

> 向之校書，凡書有脫誤者，知其必詳加釐訂矣。〔註59〕

孫氏引李善《文選》〈魏都賦〉〈讎校篆籀注〉引《風俗通》語曰：「劉向《別錄》校讎，一人讀書，校其上下，得繆誤爲校；一人持本，一人讀書，若怨家相對，故曰讎也。」由此，可知劉向辨定書中脫誤的方法。

除了辨訂書中脫誤外，孫德謙還提出劉向校讎時，對其所校讎之書，還兼辨其字句之異同、篇章之異同、學問分類之異同。孫氏在一書中，則辨別其說法之異同，或言通體不同，或言與他說無異。在諸子一家之中，又辨別各人學說之異同，如孟子、荀子均爲儒家，但前者法先王，主性善，後者法後王，言性惡，雖均爲儒家，但其學術宗旨則異。

劉向在校讎一書之內容時，要辨別脫誤、異同，必時時修改。因此，孫德謙引《風俗通》「劉向校書籍，皆先書竹爲易刊定。可繕寫者，以上素」，認爲劉向於校讎時，先將內容書寫在易於修改的竹簡上，等待確信爲定本之後，才過錄到帛素之上，以避免塗改。由此可見劉向校讎時的次序，亦可見其謹愼態度。

5、定書名

古書在撰著之時，有尙未定名者，也有名目繁多，但未切合其書者。因此，劉向在校讎時，輒以其意重加刊定書名。孫德謙謂：

> 書有古人自著，當初並無定名，吾不妨爲之裁定者。〔註60〕

例如：《淮南九師道訓》其書本名《九師書》，劉向重加刊定，故稱。又謂：

> 亦有名目繁多，而舊題未協，當可以吾意重加刊定者。〔註61〕

例如：《戰國策》其書本有《國策》、《國事》、《短長》、《事語》、《長書》、《修書》等書名，劉向以其書內容爲戰國策士遊說各國所提供的策略，因此重新定名爲《戰國策》。

（二）撰寫敍錄之義例

孫德謙認爲劉向撰寫敍錄時，謹守以下義例：

〔註59〕 孫德謙：《劉向校讎學纂微》，頁 3b。
〔註60〕 孫德謙：《劉向校讎學纂微》，頁 9b。
〔註61〕 孫德謙：《劉向校讎學纂微》，頁 9b-10a。

1、準經義

孫德謙認爲，劉向校讎時，先以〈六藝略〉冠於諸略之前，復以經義裁斷諸子家學，再者詩賦以下諸略，無不以經義作爲裁斷者，他說：

> 向之校讎也，〈六藝〉一略冠於其前，已使人知經教之當崇法矣。
> 〔註62〕

又曰：

> 乃其編蓥諸子，倘無所依準，則辨別家數，誠難言也。……可知諸子家學，向於校讎時，胥準以經義而裁斷之矣。〔註63〕

又說：

> 然則詩賦以下，每一略中，有不依準經義者乎？孟子之言曰：「經界既分，分田制祿，可坐而定也。」向惟依準經義，故校讎群書，而群書亦可坐定耳。〔註64〕

由此可見，孫氏認爲劉向校讎時，以六經大義爲其依準的對象。

2、通學術、敘源流

孫德謙認爲，劉向撰寫敘錄時，必定敘述學術源流。要能夠敘述學術源流，則必博通學術，否則無法一一敘明之。他說：

> 向於《列子書錄》云：「列子者，鄭人也，與鄭繆公同時，蓋有道者也。其學本於黃帝、老子，號曰道家。道家者，秉要執本，清虛無爲。」又《漢書》〈元帝紀〉注：「劉向《別錄》云：申子學號刑名，刑名者，循名責實，尊君卑臣，崇上抑下。」由此觀之，列、申二家，所以次之道、法者，正通乎其學術，知其爲學之指要矣。苟從而類推之，蓋向之劃分種類，使非深通學術，具有宏識，何能一一而判析之乎。〔註65〕

孫德謙認爲劉向所敘述之源流，有敘述學派之源流，亦有敘述一書之源流。他說：

> 校讎秘書，其敘述源流也，如曰：「儒家者流，出於司徒之官」、「道家者流，出於史官」，諸如此類，百家流派皆能探原。又有專爲一書

〔註62〕　孫德謙：《劉向校讎學纂微》，頁36b。
〔註63〕　孫德謙：《劉向校讎學纂微》，頁36b-37a。
〔註64〕　孫德謙：《劉向校讎學纂微》，頁38a。
〔註65〕　孫德謙：《劉向校讎學纂微》，頁22b-23a。

　　者，觀其於《列子》也。〔註66〕

又說：

　　雖然書之顯晦似無甚關於宏恉，然有此源流，爲校讎者不可不敘明
　　之也。雖然書之源流，其所最要者，究在學派耳。〔註67〕

可知，孫德謙認爲敘述源流，較重要的是學派之源流，但一書之源流亦不可
偏廢。

3、徵史傳、考師承

　　劉向撰寫敘錄時，對於一書作者的生平，必證諸史傳，並且詳考其師承。
孫氏謂：

　　蓋向於敘錄之中，述及若人身世，無不徵引史傳者也。〔註68〕

又曰：

　　此載之《史記》〈荀卿列傳〉《索隱》者，皆其《別錄》所言也。亦
　　足證爲校讎者於學有師承，故貴詳考之矣。〔註69〕

4、撰序錄、撮指意、紀圖卷

　　劉向撰寫〈敘錄〉，必定撮其指意，將書中主旨扼要提出，使讀者先知一
書之內容，或一類之內容，作爲取捨的依據。孫德謙說：

　　向每校一書，各有序錄耳，今即《別錄》，全書散佚。〔註70〕

雖然全書已佚，但孫德謙認爲仍然可從《漢書》顏師古注語所錄者、王應麟
的《漢書藝文志考證》中所徵引者、古書傳、注、疏中所錄之語，去考見劉
向〈敘錄〉之語。從孫德謙考見的劉向〈敘錄〉之佚文，〈敘錄〉之撮指意，
有述一類之旨義者，如：〈樂類〉〈雅琴〉；有述一書之旨義者，如：《論語》；
有述一書編次之旨意，如：《列女傳》之編次；有述一書命名之旨意，如：道
家《鶡冠子》之命名；亦有僅述一篇之旨意，而可推及全書者。

　　除了敘述指意之外，對於書中圖卷，劉向亦記錄。鄭樵在〈校讎略〉中，
曾批評劉向校讎書籍，只收書不收圖。又以任宏校〈兵書〉收圖四十三卷，
獨異於劉向。孫德謙在《劉向校讎學纂微》中爲劉向辯駁。孫氏認爲，從當

〔註66〕孫德謙：《劉向校讎學纂微》，頁25b。
〔註67〕孫德謙：《劉向校讎學纂微》，頁26a。
〔註68〕孫德謙：《劉向校讎學纂微》，頁41b。
〔註69〕孫德謙：《劉向校讎學纂微》，頁46b。
〔註70〕孫德謙：《劉向校讎學纂微》，頁32b。

時的校讎分工，劉向爲總校官，任宏爲分校官。任宏所校讎之部分，有紀錄圖卷，應得劉向同意，因此亦可歸之於劉向之義例。他說：

> 向與任宏三家，亦猶後世之有總校、分校，向乃爲總校也。何以知之？每一書校竟，向輒作爲敘錄。觀於《蹙鞠者傳》言：黃帝所作，其說云云。則兵書固係任宏所校，要可歸之於向也。〔註71〕

又孫氏輯出劉向校讎時記錄圖卷之語，以爲證明：

> 向所校六藝中，《易》家云「《神輸》五篇，圖一」；而於《論語》家又載「《孔子徒人圖法》三卷」，是確有紀圖卷者矣。縱與兵書比量，有多寡之不同，然既有所紀，無論兵書而外祇此兩種，要不得謂：收書不收圖也。〔註72〕

因此孫氏認爲，劉向校讎時，應有記圖卷之義例。雖然，劉向所記圖卷數量較任宏所記者爲少。孫德謙認爲，應爲其所校之書僅有書無圖，而非劉向僅收書不收圖。

5、存別義、述疑似、闕舊說、究得失

孫德謙認爲劉向在校讎一書時，對於書中內容，如存有別義者，必在〈敘錄〉中標注之。他說：

> 及讀《韓非子》，又得向之言「一曰」者，所以存別義也。……按「一曰」者，劉向〈敘錄〉時所下校語也。謂一見於《晏子春秋》，其所曰者如此。如其說，此「一曰」爲向校語是也。以爲一見《晏子》，而所曰如此，即存別義之徵也。〔註73〕

可知劉向校讎時，以「一曰」，來保存別義。

孫德謙認爲，校讎時，對一書不知爲何人所作者，注錄「闕名」即可，而劉向校書時，則從旁揣度，辨別其書之源流、學術之旨歸，以考其作者。但不直書作者爲何人，而以「疑似」注錄之。孫氏謂：

> 夫一書也，不知爲誰氏所作，目錄家通例則注之曰：「闕名」，以爲斯亦足矣。若取其書而讀之，詳繹其立言之指，則或諳政事、或明刑法、或通輿地。第就史部論，古有長於此學者，不難懸揣而得。然使實書其名氏，不免失之臆斷矣。是以向以王度、神農祉述其疑

〔註71〕孫德謙：《劉向校讎學纂微》，頁 49a。
〔註72〕孫德謙：《劉向校讎學纂微》，頁 49a-b。
〔註73〕孫德謙：《劉向校讎學纂微》，頁 50b。

似者，愼之至也。〔註74〕

劉向在校讎時，對於書中舊說有違常理者，或經考證，而證之舊說爲非者，每每辨別之。孫德謙引〈鄧析書錄〉：「子產卒後二十年而鄧析死，傳說或稱子產誅鄧析，非也。」認爲劉向「蓋以闢傳記舊說之訛，而爲子產辨誣」。〔註75〕又說：

> 即謂子產誅鄧析，庸何傷乎？然則向之闢其說非與。曰：在向闢之宜也。向既據《左傳》，《左氏》爲記事之書，明言鄧析之誅，出於子然。已得主名，不可橫加於子產矣。〔註76〕

由孫德謙所說，可知劉向校讎時，實事求是，對舊說闢而匡正之的態度。

孫德謙認爲撰寫敘錄時，必須考究其書得失，以供讀者參考。孫氏歸納劉向撰寫敘錄時，推究一書得失的類型有：1、綜覈全書之得失者，如〈晏子書錄〉。劉向言其得者爲「其書六篇，皆忠諫其君，文章可觀，義理可法。」言其失者爲：「文辭頗異，不合經術者。」2、只言其得者，如〈荀子書錄〉「其書比於紀傳，可以爲法。」3、只言其失者，如《漢志》《周訓》〈注〉：劉向《別錄》云：「人間小書，其言俗薄。」可知劉向撰寫〈敘錄〉時，必定詳述其書之得失。

四、孫氏劉向校讎學研究之影響

對於孫德謙在劉向校讎學方面的研究，王欣夫在《文獻學講義》一書中，有專節敘述。而孫氏述劉向校讎學研究的成果，葉長青則認爲十分淺薄，他在〈十五年來之校讎學〉一文中，提到：

> 十五年前，關於校讎之著述，可謂夥頤沉沉，不勝枚舉。然皆半爪一鱗，未徵具體。吾家德輝《書林清話》、《餘話》，略具規撫。孫德謙之《劉向校讎學纂微》，意欲求深，淺薄實甚。〔註77〕

但王欣夫則認爲《別錄》、《七略》均已失傳，孫德謙靠著僅存的一些材料來研究劉向、歆父子的校讎學問，已屬不易。他說：

> 劉向、劉歆父子的《別錄》和《七略》，原書都已失傳了，清人搜輯

〔註74〕孫德謙：《劉向校讎學纂微》，頁35b。
〔註75〕孫德謙：《劉向校讎學纂微》，頁42b。
〔註76〕孫德謙：《劉向校讎學纂微》，頁43a。
〔註77〕葉長青：〈十五年來之校讎學〉，頁14。

的幾家，以姚振宗所輯的《別錄、七略佚文》七卷爲最佳，但也不過殘文而已，比《隋書》〈經籍志〉著錄的原書二十卷，只是十之一二。就這些僅存的殘文來研究他們父子校讎學的內容，確不是件容易的事情。〔註78〕

對於孫氏的成就，王欣夫認爲他能夠將劉向校讎之學分析爲二十三個條目，每個條目都舉出實際例證及提出個人見解，他說：

> 孫德謙的《劉向校讎學纂微》一書，把劉氏校讎，分析爲備眾本、訂脫誤等二十三個條目，每條都有具体的材料和獨到的見解。〔註79〕

因此，他認爲後人對劉向校讎學的研究，大多難以脫離孫德謙的研究成果。胡楚生在《中國目錄學史》中，亦認爲：

> 《劉向校讎學纂微》一書，則係闡釋劉向校讎目錄學之專著，其書分爲二十三目，計爲……，劉向校理舊籍之事，孫氏此書，爲之闡發，可謂無餘蘊矣。〔註80〕

又

> 近世研治劉向校讎之學，其最著者，當推孫德謙與姚名達二人。孫氏撰《劉向校讎學纂微》，共析爲二十三例，稍傷繁蕪，姚氏撰《中國目錄學史》，則分析較爲清晰。〔註81〕

胡楚生認爲孫德謙爲近世研究劉向校讎學最爲著名者之一，但有略爲繁瑣的缺點。孫德謙撰著《劉向校讎學纂微》的時間較姚名達爲先，又在孫德謙之前的學者，並未對劉向的校讎活動作全面、具體且有系統的歸類。再者，劉向的著作在唐、宋以後，早已散佚。到清代雖有洪頤煊《經典集林》、嚴可均《全漢文》、馬國翰《玉函山房輯佚書》、姚振宗《師石山房叢書》等輯本，但所錄篇卷仍不及原書的十之一二。在文本資料欠缺又無前人研究的參考下，孫德謙爲此開創之作，自然是採用較爲全面的方式來探討，以俾讀者能得劉向、歆父子典校中秘與寫定敘錄義例之大端。故其書看似雖有繁蕪之嫌，但此實爲孫德謙詳盡分析劉向校讎義例之優點。

〔註78〕王欣夫：《文獻學講義》（上海市：上海古籍出版社，2005年4月），頁193。
〔註79〕王欣夫：《文獻學講義》，頁193。
〔註80〕胡楚生：《中國目錄學》，頁214。
〔註81〕胡楚生：《中國目錄學》，頁214。

第三節　孫德謙之漢書藝文志研究

一、歷代漢書藝文志研究概述

《漢書》〈藝文志〉於目錄學史上，地位十分崇高。沈曾植曾說：「前漢〈藝文志〉爲歷代史家志經籍，目錄家次著錄者之祖。」〔註82〕認爲《漢書》〈藝文志〉爲史家目錄之祖，亦是所有目錄之祖。張爾田亦認爲，目錄學可分爲三類，起始於史志目錄。而班固的《漢書》〈藝文志〉，則是最早的史志目錄。他說：「目錄之學何昉乎？昉於史，而大別有三。」〔註83〕又說：「目錄見於史者，厥惟班氏〈藝文志〉。」〔註84〕姚名達在《中國目錄學史》中，論及史志目錄之源流時，認爲史志目錄的編纂，創始於《漢書》〈藝文志〉。他說：

> 截時代而記書目，初不問其存佚，惟著重在敘述學術源流者，其例
>
> 創於東漢初年班固之《漢書》〈藝文志〉。〔註85〕

可知前人認爲《漢書》〈藝文志〉在目錄學史中所扮演的地位，是一個創始者的角色。其體例不僅爲後人編纂目錄時參考，其所重視之學術源流，亦爲後來史志目錄有別於其他目錄之處。

歷代對《漢書》〈藝文志〉研究，傅榮賢《漢書藝文志研究源流考》一書，歸納各派別研究之差異性，分爲「史書注解派」、「目錄本體派」、「學術考辨派」、「專題派」四類。〔註86〕諶三元〈歷代漢書藝文志研究綜述〉，則以時間爲標準，分「東漢、三國魏晉及隋唐時期」、「宋、元、明時期」、「清代學者對漢志的研究」、「民國時期對漢書藝文志的研究」、「現代學者對漢書藝文志的研究」五個時期。〔註87〕

綜合觀之，歷代對於《漢書》〈藝文志〉的研究，早期是以史書注解爲主，東漢應劭、服虔是最早注解《漢書》的人，到唐代顏師古注《漢書》，則由於訓詁精審，成爲後世定本。明代凌稚隆《漢書評林》、清代王先謙《漢書補注》，

〔註82〕孫德謙：《漢書藝文志舉例》，沈曾植〈序〉，頁 1a。
〔註83〕孫德謙：《漢書藝文志舉例》，張爾田〈序〉，頁 1a。
〔註84〕孫德謙：《漢書藝文志舉例》，張爾田〈序〉，頁 1a。
〔註85〕姚名達：《中國目錄學史》（臺北市：臺灣商務印書館，2002 年 5 月），頁 206。
〔註86〕參見：傅榮賢：《漢書藝文志研究源流考》（合肥市：黃山書社，2007 年 4 月），頁 24～29。
〔註87〕參見：諶三元：〈歷代漢書藝文志研究綜述〉，《圖書館》2000 年 2 期（2000 年 4 月），頁 38～41。

都是從注解史書的角度來研究《漢》〈志〉。南北朝以後，對於《漢書》〈藝文志〉的研究有了轉變，開始從目錄本體以及專題考證的方式來研究《漢》〈志〉。王儉《七志》、阮孝緒《七錄》、鄭樵《通志》〈校讎略〉，均是從目錄體例分類的角度，對《漢》〈志〉提出批評。宋代王應麟《漢書藝文志考證》是最早專題研究《漢書》〈藝文志〉的專著，他考證顏師古的注解，並讉尋古書，對《漢》〈志〉加以注記，並且補入二十五部古書。清人姚振宗《漢書藝文志拾補》、《漢書藝文志條理》，亦補入秦到漢中葉的古代書目，並考證《漢》〈志〉所錄書之存佚及其學術源流。又有從學術考辨的角度來研究《漢》〈志〉者，如章學誠《校讎通義》，即提出《漢書》〈藝文志〉之價值在「辨章學術、考訂源流」，並從理論上探討《漢》〈志〉的類例之法，提出「互著」、「別裁」之說。此外，孫德謙《漢書藝文志舉例》承繼章學誠學說的看法，進一步條舉《漢書》〈藝文志〉的體例。孫德謙之後，又有姚明煇《漢書藝文志注解》、顧實《漢書藝文志講疏》、李笠《漢書藝文志滙注箋釋》、余嘉錫《漢書藝文志索引》、葉長青《漢書藝文志問答》等著作出現。近代又有陳國慶《漢書藝文志注釋彙編》、張舜徽《漢書藝文志通釋》等著作。

　　史志目錄有其體例，劉知幾在《史通》〈序例篇〉中即有明言：「史之有例，猶國之有法。國無法，則上下靡定；史無例，則是非莫準。」〔註88〕歷代史志目錄中，有論及「體例」者，沈曾植認爲多上推班〈志〉，而章學誠更藉由鄭樵所論，再上推《漢》〈志〉而言經。他說：

> 儉有〈條例〉九篇，置於《七志》之首，孝緒與儉異同，史譏其「割析辭義，淺薄不經」，則於今存都錄之外，自當別有論說，惜其亡佚，不可攷知。魏氏《約文緒義》五十五篇，大校準擬班書，毋氏承之，變通以周其用。鄭漁仲銳志校讎，專以《隋書》衡量諸家，而時時上推班氏，闡其精義。其言類例與學術相關之故，昭晰通明，鄭氏誠班氏之功臣哉。國朝章實齋氏，益推鄭氏之旨而上之。由〈藝文〉以見道原，推史以言經。而校讎之體益尊，著錄去取乃愈不可以不慎。〔註89〕

張爾田認爲，最早將「體例」形諸文字的，是王儉《七志》的九篇〈條例〉，他更認爲〈藝文志〉之所以可以提綱挈要，成一家之學，主要在於他本身亦

〔註88〕〔唐〕劉知幾：《史通》（上海市：上海古籍出版社，1978年1月），頁86。
〔註89〕孫德謙：《漢書藝文志舉例》，沈曾植〈序〉，頁1a。

具有體例。他說：

> 昔王儉撰《七志》嘗作〈條例〉九篇，編乎卷首。目錄之有例，
> 實自儉始。夫《七志》官家之目錄耳，尚有條例，以明筆削之義。
> 曾謂囊括一代之國史，緯六經、掇道綱，而如《春秋》之無達例
> 乎。且史家目錄，詳備不及官家，繁密不及藏家，正賴有例，提
> 挈綱要，所以卓然成一家之學。使藝文而無例，虛占篇幅，將焉
> 用之。〔註90〕

就歷代研究的成果來說，張爾田認爲：

> 自來治班〈志〉者多矣。在宋則有王伯厚、鄭漁仲兩家，王但詳於
> 考古，於史無裨；鄭亦惟辨其編次之當否而已。至近代章實齋，始
> 深悟官師合一之旨。其所著《校讎通義》、《廣業甄微》傑然知言之
> 選。而史家發凡起例，爲後世著錄成法，則未及條別，尚不能無待
> 於後人。〔註91〕

他認爲前人研究，對於《漢》〈志〉體例雖有論及，但一則有所偏，一則未深
入，因此尚有不足之處。而孫德謙的《漢書藝文志舉例》，正好彌補歷代研究
《漢書》〈藝文志〉的不足，張爾田說：

> 君素服膺章氏者，此書補實齋之未獲，推見孟堅之至隱，不獨爲史
> 家袪惑，實可爲目錄家起衰。〔註92〕

孫德謙《漢書藝文志舉例》，繼承了章學誠的學說，並且更進而彌補其說之不
足處。在《漢書》〈藝文志〉的研究上，扮演了重要的角色。

二、漢書藝文志舉例探究

（一）著作動機

孫德謙與張爾田曾一同研究章學誠文史校讎之學。孫氏撰著《漢書藝文
志舉例》，其動機可從張爾田〈序〉語窺知一二：

> 吾友孫君益菴，於學無所不闚，嫥精諸子，而尤邃於流略。冥心捷
> 獲，援王儉之法，創通班〈志〉，成《舉例》一卷，宏綱細領，恢恢
> 康莊。班〈志〉之例定，而後族史之得失定，即一省、一府、一縣

〔註90〕孫德謙：《漢書藝文志舉例》，張爾田〈序〉，頁 1b-2a。
〔註91〕孫德謙：《漢書藝文志舉例》，張爾田〈序〉，頁 2a-b。
〔註92〕孫德謙：《漢書藝文志舉例》，張爾田〈序〉，頁 2b。

徵文考獻之書，亦莫不定。〔註93〕

又說：

> 君素服膺章氏者，此書補實齋之未獲，推見孟堅之至隱，不獨爲
> 史家祛惑，實可爲目錄家起衰。近今之務鑒別者，百宋千元，矜
> 多炫祕，不有君書，又安知目錄一學之關係史裁，若是之鉅且要
> 乎。〔註94〕

又張爾田在《孫隘堪所著書》〈序〉中，復提到孫氏撰寫《漢書藝文志舉例》
的動機，他說：

> 病世之所稱攷據家，名爲治經，而實汨之。又其甚則便辭巧說，破
> 壞形體，奮其一隙之見，不惜舉群書而爲之，以爲秦火導。其先謂
> 治學莫善於讀，不善讀則有〈問孔〉、〈刺孟〉，如王仲任之所爲者；
> 則有〈遺古〉、〈惑經〉，如劉知幾之所爲者。善讀莫如有法，於是下
> 帷發奮，久之成《漢書藝文志舉例》一卷，於以「攷鏡源流，辨章
> 學術」。〔註95〕

孫德謙撰寫《舉例》，其遠因在對當時考據家以治經爲名，託言秦火，而妄疑
古書，進而妄改群經的不滿。認爲此乃不善讀書，讀書不懂類例之學所致。
爲了提供後人讀古書之體例，因此撰寫《漢書藝文志舉例》。其書一則在類舉
班固《漢書》〈藝文志〉之體例，以補章學誠說法之不足。二則對歷代史家研
究《漢書》〈藝文志〉時，質疑班固編纂之失，所提出的辨解。三則對「方志
藝文志」提出編纂的方法，並指出何者爲是，何者爲非。進而在文中反映出
他對當時人編纂目錄書時，往往只重視是否爲宋刊、元刻本，將古書視爲古
董珍玩，目錄僅重其鑒賞功用的不滿。

（二）著作體例

孫德謙撰寫《漢書藝文志舉例》，是將班固編纂《漢書》〈藝文志〉時，
所隱含的規則，歸納爲四十六條條例，故名之爲「舉例」。

《漢書藝文志舉例》的每例例名都很直白淺顯，讀者觀其名，便可知其
義。如：「所據書不用條注例」，即指《漢書》〈藝文志〉於所引據之書，不必
每條注明其出處。又「分類不盡立子目例」，即指《漢》〈志〉在每類之下，

〔註93〕孫德謙：《漢書藝文志舉例》，張爾田〈序〉，頁 2a。
〔註94〕孫德謙：《漢書藝文志舉例》，張爾田〈序〉，頁 2b。
〔註95〕孫德謙：《孫隘堪所著書》（民國十四年四益宦刊本），張爾田〈序〉，頁 2a-b。

不一定都要分立子目。

孫德謙所立例名，有時過於扼要，常有見其例名，而不知其義者。因此，在每例之下，孫德謙均撰有對此例之概括語，以解釋此例立名之意旨。如「書有傳例」即說：

> 撰著之人，目錄家攷其里居、職官與生平之行事，所以爲讀者計，
> 使之備知顛末也。史家則異是，於有傳者，但書「有列傳」而已。
> 〔註96〕

使讀者了解《漢書》〈藝文志〉於一書之作者，若〈列傳〉有其傳，則加注「有列傳」，以便讀者參閱。

孫德謙《舉例》一書，既爲班固《漢書》〈藝文志〉舉其體例，故在每例之中，各舉班氏書中，相關之例若干條，若單有一例者，則必爲舉出。如「每類後用總論例」，即舉〈六藝略〉、〈諸子略〉後總論爲例：

> 〈六藝略〉云：「五者，蓋五常之道，相須而備，而《易》爲之原。」
> 〈諸子略〉云：「合其要歸，亦六經之支與流裔。」一則明《易》爲
> 六藝之原；一則明諸子之學，其要皆本於經。是其於一家之中，有
> 不能言者，故復作總論以發揮之。〔註97〕

孫氏爲班書舉例，除了僅敘述班氏書中之例外，亦舉後世目錄書中，仿班氏之例者，以見班氏之例之價值。如：在「稱等例」中，即說

> 吾觀後世目錄家，多用此例。今《漢》〈志〉於〈賦家〉云：「黃門
> 倡車忠等歌詩十三篇」則有開必先。實肇自班氏矣。〔註98〕

孫氏著《舉例》一書，其動機既有爲班固辨謗，又有指導後世編方志藝文的方法。因此，於每例之中，復有其班固辨謗之語，以及對後世編方志藝文之意見。如於「所據書不用條注例」云：

> 譬如子孫爲史官，其稿則本之祖父。書成後，只能署其子孫姓名，
> 祖父不得預焉。蓋當時任修史之職，乃其子若孫，豈可謂其沒親所
> 長乎？此可爲孟堅辨謗。〔註99〕

又其指導後世編志藝文之語，如：

〔註96〕孫德謙：《漢書藝文志舉例》，頁19b-20a
〔註97〕孫德謙：《漢書藝文志舉例》，頁7b。
〔註98〕孫德謙：《漢書藝文志舉例》，頁14a。
〔註99〕孫德謙：《漢書藝文志舉例》，頁1b。

則志〈藝文〉者，苟其書係後人賡續爲之，亦當遵從此例矣。〔註100〕
亦有提點後世不必盡沿用班氏之例之語，如：

惟班氏祇憑劉《略》，故凡異同之處，若出入也、省也，皆須注明。

後人編〈藝文〉引書或多，則不必沿此例。〔註101〕

孫氏《舉例》一書，除引用班〈志〉及後世目錄書之例外，亦徵引歷代目錄
學家之觀點，如：劉向、劉歆、鄭樵、顏之推、劉知幾、王應麟、章實齋等
人，及《書錄解題》、《郡齋讀書志》、《隋書》〈經籍志〉……等書之語，或爲
旁證，或爲反駁，以證成其說。

（三）漢書藝文志之體例

孫德謙《漢書藝文志舉例》一書，將《漢書》〈藝文志〉歸納出四十六條
體例。可以從著錄、分類、敘錄三方面來討論孫氏所列《漢書》〈藝文志〉之
體例。

1、著錄範圍

孫德謙舉出《漢書》〈藝文志〉在著錄範圍上，又可分爲著錄規則、書篇
名、作者三部分。

在著錄規則上，有：所據書不用條注例、刪要例、稱省例、稱所加例、
稱所續例、書爲後人編定者可並載例、書中有圖者須注出例、別裁例、互著
例、引或說以存疑例、其書後出言依託例、記書中起迄例、書缺標注例、自
著書不列入例。

在書名的注錄上，有：稱各例、書有別名稱一曰例、此書與彼書同稱相
似例、書名與篇數可從後人所定著錄例、書中篇章須注明例、書名上署職官
例、書名省稱例。

在作者的注錄上，有：稱並時例、稱等例、尊師承例、重家學例、書有
傳例、書無撰人定名可言似例、一書爲數人作者其姓名並署例、不知作者例、
不知何世例、傳言例、前後敘次不拘例、一人事略先後不復注例、人名易混
者加注例。

2、分類方法

孫氏認爲《漢書》〈藝文志〉分類之體例，有：一類中分子目例、分類不

〔註100〕孫德謙：《漢書藝文志舉例》，頁 15b。
〔註101〕孫德謙：《漢書藝文志舉例》，頁 13b。

盡立子目例、分別標題例、稱出入例、學派不同者可並列一類例、一人之書
得連舉不分類例、篇卷並列例。

3、敘錄撰寫

孫氏認爲《漢書》〈藝文志〉在敘錄的撰寫上,應謹守:一書下挈大旨例、
辨章得失見後論例、每類後用總論例、引古人稱說以見重例、用總結例。

三、漢書藝文志舉例之特色

孫德謙之《漢》〈志〉研究,在其所列舉之四十六條條例當中,其研究具
有以下特色:

1、將空洞的規律化爲具體之體例

班固編纂《漢書》〈藝文志〉時,並未編寫體例傳世。但班固編寫時,一
定有其原則,這就是所謂的「筆法」。但筆法是空洞的,如同語言一樣。要整
理出規律,必須先從其文本中累積材料。漢代劉熙《釋名》一書,即累積大
量語言材料,進而歸納出語言原則。孫德謙《漢書藝文志舉例》一書,亦是
如此。透過《漢書》〈藝文志〉的文本,蒐集材料,進而歸納出規律。使原本
蘊藏於班固胸中之無形原則,具體化爲規律,爲《漢書》〈藝文志〉編寫出體
例。沈曾植在《舉例》〈序〉言中提到:

> 余語孫子:「例」字,蓋出自法家,西漢恆言比,東漢恆言例。蓋所
> 謂「名例」者,具體於《法經》,及賈充、杜預乃後定爲律首,而張
> 斐明其義。譬〈藝文志〉於《法經》,子且爲班氏、張斐乎?〔註102〕

沈曾植認爲孫德謙此書,將《漢書》〈藝文志〉的規律具體化,成爲班固著述
之體例。如同法家律書《法經》卷首之〈明例〉篇一樣,孫德謙規範出〈藝
文志〉編纂的總則。

2、如實反映漢志體例狀況

孫德謙《舉例》一書,就《漢》〈志〉書中材料,尋找其規律,進而形成
規範。姚名達在《中國目錄學史》中,曾批評孫德謙《舉例》一書「強作繩
墨、尤不足觀」。〔註103〕李笠在《漢書藝文志舉例》一書之書評中,更以「穿
鑿」、「附會」、「偏頗」來批評。他說:

〔註102〕孫德謙:《漢書藝文志舉例》,沈曾植〈序〉,頁2a。
〔註103〕姚名達:《中國目錄學史》,頁210。

舉例的工作雖不能說要盡得古人的心意，亦須要到「古人雖不必有
此意，以此釋之，亦不爲誣妄古人」的境界。所以「穿鑿」、「附會」、
「牽強」、「偏頗」……都是古書舉例的戒條。孫氏的書舉例有四十
六條之多，但大部分是泛著戒律的。〔註104〕

李笠歸納孫氏所舉的四十六條例，就義例來說，認爲其弊病有：「矛盾」、「偏
執」、「歧訛」、「游移」、「冗贅」、「名誤」；從例名、例證而言，有「名誤」、「證
乖」等錯誤。他認爲孫氏之所以有此弊病，主要在過度推崇班固，於班固錯
誤之處，強爲文飾所造成。他說：

孫例之所以疵累重重，其原因雖不一而足，而最大的癥結則在崇奉
班氏太過，所以對班氏偶然的話，便認爲天經地義的律條；即明知
班舛誤的地方，亦必爲之勉強文飾，結果就是自己上了當。〔註105〕

李笠認爲孫德謙因個人情感，而過度推崇《漢》〈志〉，本欲發揚《漢》〈志〉，
反而造成自己《舉例》的邏輯混亂。事實上，班固編纂《漢》〈志〉，其體例
本來就有衝突矛盾之處。鄭樵即指出《漢》〈志〉體例有「荒唐」、「苟且」之
弊病。〔註106〕孫德謙爲《漢》〈志〉舉例，自然必須依照《漢》〈志〉中的材
料，如實反映。班固在編纂時，脫例、出例等情形，爲孫氏所照錄。此外，
孫氏撰寫此書，即有爲班固辨謗之意，因此對班固編纂《漢》〈志〉體例的完
整反映，自然揚其善，而避談其惡。

3、以「史書」之體例統貫漢志體例

孫德謙認爲目錄的種類，可分爲藏書家、讀書家、史家三類，他說：

目錄之學有藏書家焉、有讀書家焉。向謂此二家足以盡之。今觀班
〈志〉，則知又有史家也。〔註107〕

孫氏在四十六條條例中，皆可見其以「史志目錄」的原則來貫通《漢》〈志〉
全書體例。例如：「所據書不用條注例」中，孫氏即以「不聞於紀傳中，言其
出自某書也」，用紀傳之體，作爲史志目錄之體例。他說：

以傳體比類觀之，修史者但求部次確當，得失詳明，引據之書，無

〔註104〕李笠：〈漢書藝文志舉例〉，《國立武漢大學文哲季刊》1卷1期（1930年4
　　　　月），書評，頁226。

〔註105〕李笠：〈漢書藝文志舉例〉，頁233。

〔註106〕參見鄭樵：《通志》〈校讎略〉〈編次必謹類例論〉、〈見名不見書論〉、〈編次不
　　　　明論〉。

〔註107〕孫德謙：《漢書藝文志舉例》，頁5a。

取條注，此《漢》〈志〉之舊例然也。〔註108〕

又如：在「辨章得失見後論例」中，孫氏即以列傳之體比類而觀〈藝文志〉辨章得失之語。他說：

> 史之作列傳也，其後必加論贊。論贊者，或廣異聞、或述佚事，而吾所以襃貶之意，亦即寓乎此。……〈藝文志〉之辨章得失於後論，見之者，亦猶「列傳」之有論贊，其義相同也。〔註109〕

又如：在「一類中分子目例」中，孫氏謂：

> 史家之〈藝文志〉，余嘗謂區立門類，在乎辨明家學。子目之分，則近於瑣碎，似不必也。往見一省志中，於史部傳記類，分析名臣、名士諸目，以為傳記。〔註110〕

孫氏以史書於史部傳記類中，區分名目，以為傳記。並以此類比於〈藝文志〉中，亦可區分子目。因此，他結論為：

> 推斯例焉，其書足成一類，苟欲規劃疆界，雖立子目以分析之，可矣。〔註111〕

孫氏認為《漢書》〈藝文志〉中，以史書之體例統貫〈藝文志〉之體例，如此例者多矣，僅舉上述三例以涵蓋之。孫氏之意在於〈藝文志〉乃史書中的一部分，其體例不能獨立於史書之外，必須與史書相配合。甚至在著錄結構上，也必須與史書其他部類相搭配。例如：「書有傳例」，即與史書「列傳」相搭配，於作者下書「有列傳」，讓讀者自行參閱。除可收精簡之效，亦可提供讀者了解該書作者之門徑。

四、孫氏漢志研究之價值及影響

綜觀孫氏《漢書藝文志舉例》之論述內容及其著作體例，在歷代《漢》〈志〉研究史上，具有以下價值及其影響：

1、歷史上首部綜論漢志體例之著作

《漢書藝文志舉例》為文獻學史上首部綜論《漢》〈志〉體例之著作，在張爾田的序文中，即已提及：

〔註108〕孫德謙：《漢書藝文志舉例》，頁 2b。
〔註109〕孫德謙：《漢書藝文志舉例》，頁 6b-7a
〔註110〕孫德謙：《漢書藝文志舉例》，頁 8b。
〔註111〕孫德謙：《漢書藝文志舉例》，頁 9a。

不有君書，又安知目錄一學之關係史裁，若是之巨且要乎。嗚呼，

兩千餘年無此作也。〔註112〕

王欣夫《文獻學講義》一書，在「研究《漢》〈志〉的重要材料」一節中，提到以《漢書》〈藝文志〉作爲專題研究的，自宋王應麟始，有：王應麟《漢書藝文志考證》、王先謙《漢書藝文志補注》、姚振宗《漢書藝文志條理》、劉光蕡《前漢書藝文志注》、孫德謙《漢書藝文志舉例》、姚明輝《漢書藝文志注解》、顧實《漢書藝文志講疏》。其中他認爲：

分析體例之精，以孫德謙爲最。〔註113〕

又說：

〈藝文志〉在《漢書》中只是一篇罷了。而分析出這許多條例，宜

乎張爾田稱爲兩千余年無此作了。〔註114〕

王欣夫所論，不僅贊同張爾田兩千餘年無此作的說法，更認爲《舉例》一書，乃是分析《漢》〈志〉體例最精之著作。劉兆祐先生在《中國目錄學》一書中，亦言：

歷來言《漢書》〈藝文志〉之體例者，以孫德謙《漢書藝文志舉例》

及張舜徽《漢書藝文志釋例》二書爲最著。〔註115〕

劉師所舉《舉例》與《釋例》二書，孫氏所撰《漢書藝文志舉例》在張舜徽出生前，即已成書。由此可見，孫德謙《舉例》，不僅爲學術史上所首創，其書之精，就劉師兆祐所言，書成數十年後，方有能與比擬者。

　　傅榮賢在《漢書藝文志源流考》中，曾對《漢書藝文志舉例》，是否爲史上首部綜論《漢》〈志〉體例之著作，作了考訂，他說：

孫氏《舉例》是我國歷史上，首部突破《漢》〈志〉原文注解之圍，

綜論其體例特色的著作。雖然姚振宗《漢書藝文志條理》等著作，

已經明確指出《漢》〈志〉「本有體例」，但考訂和注解原文，仍然是

主要宗旨。而孫德謙《舉例》以探求《漢》〈志〉義例爲旨歸，充類

至盡地揭示《漢》〈志〉書目原則，具有與姚氏《條理》等著作不盡

相同的特點。〔註116〕

〔註112〕孫德謙：《漢書藝文志舉例》，張爾田〈序〉，頁 2b。

〔註113〕王欣夫：《文獻學講義》（上海市：上海古籍出版社，2005 年 4 月），頁 30。

〔註114〕王欣夫：《文獻學講義》，頁 30～31。

〔註115〕劉兆祐：《中國目錄學》（臺北市：五南圖書公司，2002 年 3 月），頁 126。

〔註116〕傅榮賢：《漢書藝文志源流考》，頁 380。

可知，孫氏《舉例》爲歷史上第一部探求《漢》〈志〉義例、原則爲旨歸的著作，確然矣。

2、開啟漢志研究的新境界

孫德謙治學，主張「從無文字處求文字」。〔註117〕《漢書藝文志舉例》，既爲《漢》〈志〉體例的首創之作，對《漢書》〈藝文志〉研究，亦開啓了一個新境界。

孫氏之前的研究，多著重在《漢》〈志〉文本的注解，或分類的辨證，是屬於有文字，分散、分割的各別討論。到了孫氏，透過材料的類例，找出其規律，進入了一個無文字，統合、整體的通盤研究。傅榮賢即認爲孫氏《舉例》一書：

> 將《漢》〈志〉中分散的環節、分割的部分和暫時的結果統一起來，
> 將人們的眼光引向「看不見」的部分。〔註118〕

在孫氏之後，研究《漢書》〈藝文志〉者，開始注意《漢》〈志〉之體例，顧實《漢書藝文志講疏》即多提及《漢》〈志〉之條例，程千帆《目錄學叢考》亦多參考孫氏之書，胡楚生《中國目錄學》、劉師兆祐《中國目錄學》亦參考孫氏之說，整理《漢》〈志〉體例。可知，孫德謙《漢書藝文志舉例》一書，確實爲《漢》〈志〉研究開啓了一個新的境界。

〔註117〕孫德謙：《古書讀法略例》，頁11～15。
〔註118〕傅榮賢：《漢書藝文志源流考》，頁386。

第五章　孫德謙之校讎目錄學思想

第一節　孫氏校讎目錄學思想之淵源

　　孫德謙校讎目錄學思想之淵源，最早可上溯至劉向、班固。其校讎目錄學之思想與方法，孫氏在《劉向校讎學纂微》、《漢書藝文志舉例》二書中，已多有闡述，但爲孫氏開啓進入劉、班二人義例大門者，是清代的章學誠。

　　清代是考據學盛行的時代，章學誠在這種學術環境下，提出文史校讎之學，在當時並未受到重視。近年來對章學誠的研究，大多只重視胡適、內藤湖南、章太炎這些學者的研究，[註1]忽略了在晚清遺老文人社群當中，孫德謙、張爾田等人，是較早開始接受、研究，並重視章學誠學問的學者。

　　孫德謙早年治學受到清代考據學風的影響，從訓詁考據之學入手，後來病其破碎，無法通知大義，而改治章學誠文史校讎之學，並於此中獲得啓發。孫德謙在《章氏遺書》〈序〉中，敘述其治學與章氏之間的關係：

　　　余往在弱年，始致力於考據之學。久之而病其繁瑣，不足爲傳世之業。而子勝斐然之志則未或有聞也。及得先生書，讀而善之。將有所造述，又不勝劉彥和舊有深解，未足立家，搦管和墨，乃始論文之慮。於是攻習百家，遺其章句，神思冥窅，輒有劫獲。雖先生治史，余則治子，趨向自異。要其觸類引中，則一本乎先生爲學之方。

〔註1〕參見：余英時：《論戴震與章學誠》（上海市：生活・讀書・新知三聯書店，2000 年 6 月）；錢婉約：〈《章氏遺書》與章實齋年譜〉，《武漢大學學報》（哲學社會科學版）1996 年 5 期，頁 91〜97。

〔註2〕

孫氏自言其治學轉變的過程，並述其著作，乃是讀章學誠書之後，始獲得啓發，可知受章氏影響甚深。

孫德謙在三十一歲時，與張爾田一起開始接觸章氏之學。當時二人最爲要好，時相往來。時人稱二人爲海內治章氏學之「兩雄」。張爾田亦提及此段故事：

> 往與吾友孫君益菴同譚道廣平，即苦阮氏、王氏所彙刊《經解》瑣屑餖飣，無當宏恉，嗣得章實齋先生《通義》，服膺之，始於周秦學術之流別稍有所窺見。久之，讀《太史公書》，讀班孟堅書，無不迎刃而解，豁然貫通，一時之所創寤，殆若有天牖焉。〔註3〕

又說：

> 曩嘗纂《史微》，闡明實齋「六經皆史」之誼，每相與撫塵而笑，莫逆於心，海內同志，落落二人。〔註4〕

從張氏之語，可見章氏之學在孫、張二人研究之時，尚未獲得普遍的重視。二人可稱爲近代研究章氏之學先行的學者。此外，由張氏之語亦可見孫、張二人，藉由章氏之學的研習，進而在治學上有所收穫。

縱觀孫氏之校讎目錄學，其從章學誠處所繼承者，主要在章氏之學的基本觀念，如：從史家的立場看經學，繼承章氏「六經皆史」的看法、反對訓詁考據，繼承章氏「讀經致用」的態度。此外，在校讎目錄學的觀念上，孫氏繼承章氏所主張的「校讎」定義，以及「辨章學術、考鏡源流」的目錄學觀點。方志藝文的編纂上，孫氏繼承了：志爲史體的觀念、互著、別裁的編排方法。

1、「六經皆史」的觀念

章學誠在探討古代學術源流時，提出了「六經皆史」的觀點。這個觀點成爲孫德謙聯繫經、史關係的思想主軸，他說：

> 自《隋書》〈經籍志〉經、史、子、集四部之名既定，唐以後學者，不知經之原出於史也，久矣。夫古無所謂經也，史而已矣。〔註5〕

〔註2〕 章學誠：《章氏遺書》（臺北市：漢聲出版社，1973年1月，景印嘉業堂刊本），孫德謙序，頁3b-4a。

〔註3〕 張爾田：《史微》（上海市：上海書店出版社，2006年1月），凡例，頁1。

〔註4〕 孫德謙：《漢書藝文志舉例》（民國六年四益宦刊本），張爾田序，頁2b。

〔註5〕 孫德謙：〈申章實齋六經皆史說〉，《學衡》24期（1923年12月），述學，頁1。

孫德謙推崇章學誠說：

> 會稽章實齋先生，長於史學者也。當乾嘉時說經之士，莫不致功於
> 聲音文字。其明乎六書假借，義據通深者，誠不愧爲專家之學。至
> 於支離破碎，博而寡要，失之繁瑣者，則亦多矣。先生見風會所趨，
> 舉世滔滔，務爲考據，而於六經之微言大義則不復推求，以爲《易》
> 掌太卜，《書》藏外史，《禮》在宗伯，《樂》隸司樂，《詩》領於太
> 師，《春秋》存乎國史。此六經者，皆古昔帝王之政典，尋章摘句，
> 甚無謂也。於是一言蔽之曰：「六經皆史。」〔註6〕

他在〈申章實齋六經皆史說〉一文中，對章學誠「六經皆史」的說法，引而
申之，對於「六經既爲史書，孔子何以要分爲六經」的問題，提出他的看法。
孫德謙認爲可以從經、史的體例來看此問題。他說：

> 治六經者，固可見經之各有所長矣。而於體例，則無有論之者。或
> 曰：何言乎爲後史體例也？曰：《詩》始於文王，爲西周之史；《春
> 秋》始於平王，爲東周之史。則猶班氏之《前漢書》，范氏之《後漢
> 書》，皆史之斷代者也。《書》者，通史也，其上起唐虞，與《史記》
> 之首〈五帝本紀〉，有以異乎？《周禮》、《儀禮》，乃後世史家之〈職
> 官表〉、〈禮樂志〉也。惟《易》之爲書，揆之史體，後儒似無行之
> 者。然〈大傳〉云：「易之興也，其當殷之末世，周之盛德耶？當文
> 王與紂之事邪？」則《易》者，殷、周之史也。兩朝交際爲之史者，
> 如陸賈《漢楚春秋》是，而《易》其先例也。〔註7〕

又說：

> 《書》者，記言之史，《春秋》者，記事之史也。《詩》爲十五國風，
> 是記風俗之史，凡一切地志由此而出。《禮》者，記制度之史，杜佑
> 之《通典》、徐天麟之《會要》，其取法於此乎？若夫《易》者，多
> 言吉凶，直記道之史也。班志〈藝文〉云：「道家者流，出於史官，
> 歷數成敗存亡、禍福古今之道。」豈非古之史官有記道者耶？〔註8〕

孫德謙從「後代史書之體例」以及「經書本身之體例」二方面，引申推論孔
子何以要分六經。認爲從後代史書的體例來看，六經可分爲「通史」、「斷代

〔註6〕　孫德謙：〈申章實齋六經皆史說〉，頁1。
〔註7〕　孫德謙：〈申章實齋六經皆史說〉，頁2。
〔註8〕　孫德謙：〈申章實齋六經皆史說〉，頁2。

史」、「兩朝交際史」；從六經本身的體例來看，可分爲「風俗史」、「制度史」、「記道之史」。孫氏治學，特重「體例」。他的《劉向校讎學纂微》、《漢書藝文志舉例》二書，皆是探討體例的著作。可見其接受了「六經皆史」的觀點後，再從體例的角度，近而引申加強「六經皆史」的證據。

2、提倡「經世致用」反對考據學風

章學誠治學，重視通經致用，反對考據詞章。余英時在《論戴震與章學誠》一書中認爲，章學誠所提倡的「文史校讎」學，是在與考據學相抗衡，目的是從考據訓詁之外，另找一個通經明道的方法。〔註9〕孫德謙在《古書讀法略例》中曾言：

> 夫學之所以可貴，在能治己以及物，有功於家國，讀書固非其急者。
> 〔註10〕

又自述其治學時，對考據之弊的感想：

> 余往者亦嘗治此學，久之而病其繁瑣，故決然去之。但考據之弊，則知之實深。其弊若何？求之形聲，而用假借之法，以不免穿鑿而附會，乃又專輒臆斷，不曰「衍文」、則曰「脫文」。無可知如何，則歸之傳寫者之誤。如是讀古人書，一任我之所爲，殆無難矣。〔註11〕

他在〈評今之治國學者〉一文中，對考據之弊，力加批評。在《古書讀法略例》一書中，亦提醒讀者治學勿專事考據，否則徒疲耗精神。這些看法，一方面是當時的社會風氣使然，另方面則是受到章學誠的影響。

3、「校讎」定義的繼承與轉出

對於校讎的定義，清乾嘉以來即產生不同的理解。有學者認爲只有目錄學，而無校讎學；另有學者認爲只有校讎學，別無目錄學；還有學者認爲目錄學爲校讎學下的一個分支。章學誠對校讎與目錄之間的關係，在〈信摭〉中提到：

> 校讎之學，自劉氏父子，淵源流別，最爲推見古人大體，而校訂字句，則其小焉者也。絕學不傳，千載而後，鄭樵始有窺見，特著《校讎》之略，而未盡其奧，人亦無由知之。世之論校讎者，惟爭辯於

〔註9〕 參見余英時：《論戴震與章學誠》，頁 160～180。
〔註10〕 孫德謙：《古書讀法略例》（桂林市：廣西師範大學出版社，2006 年 3 月），自序，頁 1。
〔註11〕 孫德謙：〈評今之治國學者〉，頁 3

行墨字句之間，不復知有淵源流別矣。近人不得其說，而於古書有
篇卷參差，敘例異同，當考辨者，乃謂古人別有目錄之學，眞屬詫
聞。且搖曳作態以出之，言或人不解，問伊：書止求其義足矣，目
錄無關文義，何必講求？彼則笑而不言。眞是貧兒賣弄家私，不值
一笑矣。〔註12〕

章學誠認爲，劉向、歆父子校理中秘書，而後才有校讎之學。校讎
之學大者爲辨別學術淵源流派，小者校訂字句。在校讎之外，別無目錄之學。甚至對
主張目錄學別出於校讎學者，大加譏訕。蔣元卿認爲章學誠所處之時代，考
據訓詁之風正盛，學者僅注意「篇卷參差，敘例異同」、「惟爭辯於行末字句
之間，不復知有淵源流別」。章學誠爲了撥亂反正，因此逆風氣，故意提出激
進之語。〔註13〕然在當時，亦演變出以章學誠爲首的「義例派」目錄學，以
及以考據學家爲首的「考據派」目錄學，兩個互相對立的派別。

　　清末民初，在講求「科學」方法治學的學術環境下，考據之風再次大盛。
孫德謙處在與章學誠相同的學術氛圍下，受到章氏的影響，亦贊成章氏「義
例」的說法。認爲「辨章學術，考鏡源流」是校讎目錄的目的，是屬於章氏
「義例派」的一員。但在校讎的定義上，他說：

　　　校讎者乃目錄之學，非僅如後世校讎家，但辨訂文字而已。〔註14〕

此與章氏所言：

　　　校讎之學，自劉氏父子，淵源流別，最爲推見古人大體，而校訂字
　　　句，則其小焉者也。

二人有相承的關係。但孫德謙更近一步的承認目錄學的存在，認爲校讎學即
是目錄學，目錄學並非別出於校讎學之外，亦包含辨訂文字等工作。

4、志爲史體的觀念

　　章學誠在方志的性質與體裁上，從「志屬史體」的角度來看待，認爲方
志是「國史羽翼」，其價值與國史相同，其體例也應該仿照史例。倉修良認爲：

　　　章學誠第一次提出「志屬史體」、「志屬信史」的意見，認爲方志乃
　　　「封建時列國史官之遺」、「志乘爲一縣之書，即古者一國之史也」，

〔註12〕章學誠：《章氏遺書》，〈外編〉卷一，頁 8b-9a。
〔註13〕參見：蔣元卿：《校讎學史》（合肥市：黃山書社，1985 年 12 月），頁 178～
　　　　181。
〔註14〕孫德謙：《劉向校讎學纂微》，頁 11b。

因此，他既不屬於地理類書，又有別於唐、宋以來的圖經，而是「國
史羽翼」，故其價值亦應與「國史」相同。〔註15〕

孫德謙在《漢書藝文志舉例》中，亦提到方志為「國史之具體」的看法，他說：

吾見郡縣志中，載《四庫全書》而不敢增損者，多矣。不知郡縣志
者，一方之史，為國史之具體。〔註16〕

可知，孫氏在方志與國史之間的關係，乃是繼承章學誠而來。又章學誠在〈方
志例三書議〉中，認為要編好方志，應符合三項條件：

凡欲經紀一方之文獻，必立三家之學，而始可以通古人之遺義也。

仿紀傳正史之體而作志，仿律令典例之體而作掌故，仿文選文苑之
體而作文徵。三書相輔而行，缺一不可；合而為一，尤不可也。

他認為編方志必須重視其淵源，且需簡明扼要，但又能夠保存重要材料，所
收錄的內容，必須「合於徵史」，足以反映實際情況。

在孫德謙對近代方志藝文的批評中，從方志藝文是否合於史書體裁、是
否有節取其要，刪除無關者、是否有收錄重要內容等角度來批評方志。他在
《漢書藝文志舉例》「所據書不用條著例」說：

近見省、府、州、縣〈志〉，凡所據書，皆條注於下，此實未知〈志〉
書之體，須合史裁也。〔註17〕

在「刪要例」說：

自馬氏不達刪要之例，後之為郡縣志者，則猶往往沿其誤。〔註18〕

又在「辨章得失見後論例」中說：

彼方州志乘，或猥錄詩文，或不立部目，更何足與語史學哉。〔註19〕

從孫氏對方志藝文的批評，觀其所立論者，大抵皆從章學誠的看法而來。可
知，孫德謙所主張「志為史體」的觀念，乃淵源於章學誠。

第二節　對當時編方志藝文者的批評

清末民初，繼承清初以來右文的結果，累積了不少圖書。加上重視實學，

〔註15〕倉修良：〈章學誠的方志學〉，《文史哲》1980 年 4 期，頁 52。
〔註16〕孫德謙：《漢書藝文志舉例》，頁 4a。
〔註17〕孫德謙：《漢書藝文志舉例》，頁 3a。
〔註18〕孫德謙：《漢書藝文志舉例》，頁 4a。
〔註19〕孫德謙：《漢書藝文志舉例》，頁 7a-7b。

因此校讎目錄之學亦十分興盛，出現了許多目錄書。各地方政府也多重視方志藝文志的編纂。這些方志目錄，各有各自的體例。有的獨創新法，有的仿自古人的，亦有模仿古人，但別出心裁者。沈曾植對當時目錄體例紛雜的情形，有如下描述：

> 近世圖籍益蕃，公私書目、省、府、縣志藝文、序錄亦廣。其事固有出於古人之外者，固有出乎古人之外，不可以古義例之者；亦有出於古人之外，而仍以古義例之者。舉一以反三，範圍群言，而不過通乎古今之道，而知捨班氏則何由焉。〔註20〕

沈氏所言，一方面指出當時目錄體例的多變，但也指出這些變化，多承襲古人的方法。班固《漢書》〈藝文志〉歷來被視為目錄家之初祖，因此編纂史志目錄，在體例上不能夠離班〈志〉而不顧。張爾田更直接指出，當時編纂方志目錄的學者，只重視其書的版本是否為宋刻、元刊，著意在珍本書籍的數量及程度，而忽略與史志之間的關係。他說：

> 近今之驚鑑別者，百宋千元，矜多炫祕。不有君書，又安知目錄一學之關繫史裁，若是之鉅且要乎。〔註21〕

孫德謙認為《漢書》〈藝文志〉是歷代目錄書之祖，亦是史志目錄之祖，因此在撰寫《漢書藝文志舉例》時，即據《漢書》〈藝文志〉的體例，對當時編方志藝文者，提出批評。

孫氏認為史家編志藝文，所重視在「辨章學術，考鏡源流」，與讀書家、鑑賞家，所重視者不同。此外，在著錄方面，也與類書、輯佚書所強調的不同。孫氏認為後人編方志藝文時，由於不了解史志藝文之體例，因此常有以下缺失：

1、對所引諸書詳注出處

孫德謙認為方志藝文志對於所引據之書，皆詳細注明出處，乃是未合乎史志藝文志之體例。他說：

> 史之有藝文志，創始於班氏。觀其首序，是所據者，為劉歆《七略》。乃每一書下，則不復用條注。然則後之編訂藝文，於所引書目，必為詳注之者，誠未合乎史例也。〔註22〕

〔註20〕 孫德謙：《漢書藝文志舉例》，沈曾植序，頁1b。
〔註21〕 孫德謙：《漢書藝文志舉例》，張爾田序，頁2b。
〔註22〕 孫德謙：《漢書藝文志舉例》，頁1b。

又：

> 是乃自史學不明，近世爲人作傳者，據他人所撰行狀、墓誌，翦截
> 爲文。而行狀、墓誌則一一注於其下。此雖爲博采通人，信而有徵
> 之義。然施之史道，則非是。〔註23〕

又：

> 近見省、府、州、縣〈志〉，凡所據書，皆條注於下，此實未知志書
> 之體，須合史裁也。〔註24〕

孫德謙認爲對於所引據之文注明出處，雖能表現信而有徵的效果，但他認爲
《漢書》〈藝文志〉引據劉歆《七略》之語，皆未注明出處。此外，孫德謙以
史書紀傳之體，與藝文志相比類而觀，他認爲：

> 以傳體比類觀之，修史者，但求部次確當、得失詳明，引據之書，
> 無取條注，此《漢》〈志〉舊例然也。〔註25〕

可見，孫德謙認爲史志目錄以「部次確當，得失詳明」爲重，對於出處，可
以省略。近代編方志目錄者，於書中詳細注明出處，孫德謙認爲這是未能了
解史書體裁，而造成的錯誤。

2、對所引諸書不敢刪要

孫德謙認爲後人編纂方志藝文，對於所引用之前人說法，往往不敢刪改
以存其要。他說：

> 自馬氏不達刪要之例，後之爲郡縣志者，則尤往往沿其誤。吾見郡
> 縣志中載《四庫全書》而不敢增損者，多矣。〔註26〕

孫德謙認爲後人編纂方志藝文，不敢對所引據之文刪存精要的原因，一方面
受到馬端臨在《文獻通考》〈經籍考〉中，羅列諸家說法的影響。另方面則是
未辨別史志目錄與專家目錄之間的不同。孫德謙說：

> 郡縣志者，一方之史，爲國史之具體。即以《四庫》爲憑藉，亦可
> 擇要而書，其辯別是非之語，不妨由我刪之。初非謂《四庫》之辨
> 別是非，不足甄采也。蓋彼爲專家之學，言乎史體，討論得失，不
> 必在書目之下。〔註27〕

〔註23〕 孫德謙：《漢書藝文志舉例》，頁2a。
〔註24〕 孫德謙：《漢書藝文志舉例》，頁3a。
〔註25〕 孫德謙：《漢書藝文志舉例》，頁2b。
〔註26〕 孫德謙：《漢書藝文志舉例》，頁4a。
〔註27〕 孫德謙：《漢書藝文志舉例》，頁4a。

他認爲郡縣志爲國史志之具體，且與專家目錄的取向不同。因此，不論引據
何書，均得刪存精要，以求要言不煩，不必反覆推詳，以避免虛占篇幅。

3、猥錄詩文、不立部目

孫德謙認爲部分方志目錄，有的收錄詩文原文，有的不分立部目，皆非
史志目錄之體裁。他說：

> 彼方州志乘，或猥錄詩文，或不立部目，更何足與語史學哉。〔註28〕

4、不重視家學

孫德謙在「書有傳例」中，認爲史志目錄於一書之作者，如有專傳收錄
於史志列傳之中，則必須標注，以便讀者相互參證。他說：

> 〈藝文〉一志與〈列傳〉，有相資爲用之道也。〔註29〕

又說：

> 後世史不專家，設官分任，《隋》〈志〉而下，遂不循此例。〔註30〕

可知，孫氏認爲後世對於編修史志目錄，並未設立專官，而是由他官分任。
因此在《隋書》〈經籍志〉以下，對於藝文志中所收錄一書之作者，均未標注
是否有立傳於列傳之中。如此，則導致讀者無法相互參照，有不良的影響。

5、所錄書均注存佚

孫德謙編方志目錄時，對於一書篇卷之殘缺，往往只注錄「存」、「佚」。
孫德謙對這樣的注錄方式，並不認同。他說：

> 記書中篇卷之殘缺，而與後世目錄家分注存、佚者不同。何也？夫
> 書之存佚，欲以一人見聞，強爲剖別。設佚者尚存，豈非自形謭陋，
> 轉不如不注之爲愈乎。〔註31〕

又說：

> 以中秘之見存，故凡梁有而今無者，乃名之爲亡。若局於一隅，而
> 或則曰存，或則曰佚，恐失之臆決，而不足爲典要也。近見省志以
> 下，均注存佚，吾未敢謂然。〔註32〕

孫德謙認爲，編方志藝文志，僅侷限於一地之中。部分書籍或許於本地已亡

〔註28〕孫德謙：《漢書藝文志舉例》，頁7a-b。
〔註29〕孫德謙：《漢書藝文志舉例》，頁20b。
〔註30〕孫德謙：《漢書藝文志舉例》，頁21a。
〔註31〕孫德謙：《漢書藝文志舉例》，頁37a-b。
〔註32〕孫德謙：《漢書藝文志舉例》，頁37b。

佚，但於外地尚存。假如以一人之見，即斷定其存佚，則不免過於主觀。故認爲當時部分地方志，對於所錄書籍，均注存、佚之例，感到不以爲然。

第三節　孫德謙之校讎目錄學理論

一、校讎目錄學之定義與目的

　　校讎活動的起源，各家說法不一。孫德謙據《孔子家語》所載，認爲：

　　《家語》載子夏見讀史者曰：「晉師伐秦，三豕渡河。」子夏曰：『非也，『已亥』耳。』問之《晉史》，果然。」校讎之學，其所從來遠矣。然成爲專家者，要自託始於向。〔註33〕

孫德謙認爲校讎活動最早可上溯至子夏時，但當時只是有校讎的行爲。一直到東漢劉向時，才形成一個有系統的工作，成爲專家之學。

　　孫德謙對校讎二字的意義，是繼承章學誠對校讎的定義，再轉發而來。孫氏在《劉向校讎學纂微》中，引《文選》李善〈魏都賦〉〈讎校篆籀注〉引《風俗通》語，認爲：「蓋所以名爲校讎者，直欲使書之脫誤，悉從而辨訂之耳。」〔註34〕又說：

　　校讎之事，得名家「正名」、「辨誤」之意，其於一書異同，可不爲之明辨以析乎！〔註35〕

可知，孫德謙認爲「校讎」工作之一，是在辨訂書中脫誤之處，以回復作者撰著原書時的意旨。對一書當中的異、同之處，加以分析、考辨，這個工作，近於現在所謂的「校勘」。但孫德謙在《劉向校讎學纂微》「謹編次」條中，提出：「校讎者乃目錄之學，非僅如後世校讎家，但辨訂文字而已。」〔註36〕又在「分部類」條，說：「校讎之學，豈僅於群書之內，爲其一字一句，辨正無訛而已哉，其所難者，在乎能分部類也。」〔註37〕「撰序錄」條亦言：

　　夫校讎者，目錄學也。《隋》〈志〉既取《別錄》、《七略》列諸〈簿錄〉之首，復爲之說曰：「古者，史官既司典籍，蓋有目錄以爲綱紀。」

〔註33〕孫德謙：《劉向校讎學纂微》，頁 4a-b。
〔註34〕孫德謙：《劉向校讎學纂微》，頁 4b。
〔註35〕孫德謙：《劉向校讎學纂微》，頁 20b。
〔註36〕孫德謙：《劉向校讎學纂微》，頁 11b。
〔註37〕孫德謙：《劉向校讎學纂微》，頁 17a-b。

　　　　豈非校讎書籍，乃目錄專家之學哉。〔註38〕

從孫德謙所言，認為校讎除了使書中的脫誤，能夠得以辨訂之外，他又據《隋》〈志〉將《別錄》、《七略》列於簿錄之首。認為校讎必須包含分類編次的工作，要能夠分別各部，歸納類例，方能辨章學術，考訂源流。從孫氏所提出「校讎者，乃目錄之學」，「其所難者，在乎能分部類也」等看法。可知，在孫德謙心中，「分部類」的「目錄學」工作，才是校讎之主體，也是校讎之難者。

　　在「校勘」與「目錄」之外，孫氏在「闢舊說」條提到：

　　　　校讎家學，果能深察是非，雖舊說相延，不妨闢其謬，而匡正之。
　　〔註39〕

又在「增佚文」一條中，認為：

　　　　夫書之傳於今者，其闕佚正不少矣。宋王應麟首為《康成易注》、《三
　　　　家遺詩》，世之輯佚書，層見而迭出，此真學者之幸也。雖未必成為
　　　　原書，而獲覩佚文。如《尸子》、《燕丹》一為雜家，一為小說，猶
　　　　足得其指歸。即非全本，若《慎子》也、《商子》也、《司馬法》也，
　　　　無見今皆附以佚文，是則網羅散佚，豈惟史家之事，校讎家可漫不
　　　　加察哉。〔註40〕

孫德謙認為校讎之學，如遇舊說訛誤者，又或有佚文者，則應當對訛誤之舊說，辨而存之；對所見之佚文，輯而錄之。可知，孫德謙對於校讎的定義，是採取傳統廣義的看法，包含：校勘、目錄、辨偽、輯佚等工作。他認為校讎工作，在書的辨誤、考訂及辨別訛誤、增補佚文，是校理圖書時的基礎工作。而最重要是編次目錄，以辨章學術，考鏡源流。這與章學誠對校讎的看法相同，皆認為辨章學術的淵源流別，是校讎之大體，而校訂字句是其小者。但章學誠並不承認有目錄學的存在，而孫德謙則肯定「目錄學」這個名稱，並且認為目錄學即校讎學。

　　在二十世紀上半期，對校讎學定義抱持與孫德謙相同觀點的，除了張爾田外，還有劉咸炘。他與孫德謙皆是研治、弘揚章學誠學說的學者。劉氏更以章學誠的私淑弟子自稱。他在《目錄學》一書中說：

〔註38〕孫德謙：《劉向校讎學纂微》，頁 32b。
〔註39〕孫德謙：《劉向校讎學纂微》，頁 42b。
〔註40〕孫德謙：《劉向校讎學纂微》，頁 45b-46a。

> 本課名目錄學,一名古書校讀法,此二名範圍不同,不能相掩。所
> 謂目錄學者,古稱校讎學,以部次書籍為職,而書本真偽及其名目
> 篇卷亦歸考訂。古之為此者,亦在辨章學術、考鏡源流,與西方所
> 謂批評學者相當,中具原理。至於校勘異本,提正文字,雖亦相連,
> 而為末務。〔註41〕

他的看法,與孫德謙相去未遠。李曉明認為劉咸炘「他的校讎學思想,是對傳統校讎學的發展,同時又接受了部分西方新的學科分類的影響」。〔註42〕孫德謙亦是如此,孫氏自言:「東瀛人士嘗謂余之學派近泰西智識分類學。」〔註43〕可知,孫氏當時的觀點已與西方目錄學相近。但孫、劉二人對校讎學的看法,基本上還是受章學誠對「校讎」定義的影響,只是進一步承認「目錄學」這個名詞,並且將其與「校讎學」劃上等號,故統稱其為「校讎目錄學」。

就孫氏所論,教讎活動包含了校理圖書的所有工作在內。從其大者而言,要能夠辨別學術淵源流派,從其小者而言,要能訂脫誤、補佚文、闢舊說。從其大者而言,孫氏認為:

> 次第秩然,使讀其書者,睹其所分部類,而此書之要指不難於推尋。
> 語云:「覽錄而知歸。」校讎所以可貴也。〔註44〕

從其小者而言,孫氏認為:

> 書之貴乎校訂者,懼其有脫誤也。其脫誤或在篇章,或在字句,後
> 人讀之苟無善本相校,必至文義難曉,有索解而不得者。〔註45〕

又說:

> 如其說,讀誤本書,必且誤解而莫辨其非矣。以此而言書之脫誤,
> 其不能不用校讎也。〔註46〕

可知孫氏認為校讎的目的在於避免文章的脫漏、錯誤,使後人讀之,不至於對書中的文義難以通曉,索解不得。進一步能夠對書籍編次類例,撰寫敘錄。

〔註41〕劉咸炘:《劉咸炘論目錄學》(上海市:上海科學技術文獻出版社,2008 年 1 月),弁言,頁 1。

〔註42〕李曉明:〈20 世紀上半期有關校讎學定義的辨析〉,《華中科技大學學報》(社會科學版) 2007 年 5 期,頁 95。

〔註43〕孫德謙:《古書讀法略例》(桂林市:廣西師範大學出版社,2006 年 3 月),自序,頁 2。

〔註44〕孫德謙:《劉向校讎學纂微》,頁 18a。

〔註45〕孫德謙:《劉向校讎學纂微》,頁 3a。

〔註46〕孫德謙:《劉向校讎學纂微》,頁 4a。

使讀者能夠覽其目錄而知一書之類別，觀其敘錄便知其書之大旨，通知作者著作之大義，並且對一書之流傳梗概有所認識。

二、校讎編目之態度

陳登原《古今典籍聚散考》引《隋書》〈牛弘傳〉明言書有「五厄」，即：始皇焚書，赤眉入關，董卓移都，劉石亂華，魏師入郢。而歷代續有兵燹之災、水火之禍、禁書之令。書之能否得傳，實亦有幸有不幸之別！〔註47〕陳氏所舉皆為書逢時亂之厄運而亡佚，孫德謙認為若校讎一書時，苟無正確之態度，則校讎家對書籍的校讎，亦將成為圖書過程中之一厄。

孫德謙認為校讎工作與著作不同，著作時一字之異，或許無妨於全書大旨，但校讎時，一字之差，或許全篇意義皆為改變。且於編目時，若稍有不慎，必將使其書沉冤千古。孫德謙舉鄭樵所言「書籍之亡，由類例之法不分也」，認為分類時，若任意裁斷，將使書籍亡佚。因此，孫德謙在《劉向校讎學纂微》中，提出從事校讎編目的工作，必須避免的態度，其說如下：

1、不可妄為去取、擅分高下

孫德謙認為校讎一書，應儘量保持書的原貌，不可對書中內容擅自取捨，否則將會造成「書無完書」、「盡非真本」等情形。他說：

> 注家則妄為去取，使校者亦愛憎憑臆，以析內外，古今必無完書矣。〔註48〕

又說：

> 吾校讎可任意內外之乎？苟可以任意，是亂古人之書，將非其真本矣。豈校書者，而可用其專輒乎？〔註49〕

又孫氏認為，從事校讎書籍的工作，必要時須對一人之著作分析內、外篇。但必須依照著作實際的狀況，再加以分篇，他說：

> 校讎一書，任其事者析為內外也，倘高下在我，非準篇策而言，彼師心自用者，必將毅然芟除之矣。〔註50〕

孫氏認為校讎時分篇內外，乃是校讎者職之所司，但須依準篇冊而言，不可

〔註47〕 參見陳登原：《古今典籍聚散考》（臺北市：河洛出版社，1979年5月）。
〔註48〕 孫德謙：《劉向校讎學纂微》，頁15b。
〔註49〕 孫德謙：《劉向校讎學纂微》，頁15a。
〔註50〕 孫德謙：《劉向校讎學纂微》，頁15b。

師心自用，或者妄以區分文章內容之高下，而擅分內、外篇。

2、不可不加詳審，過於自信

孫德謙舉劉向校書爲例，認爲劉向校書時，先書於較易修改的竹簡上，以待修改訂正。等到確定無誤後，方才書之於帛素。孫德謙認爲，這是劉向校書詳審之義。此外，孫德謙認爲校讎時不可過度自信，對於書中內容之是非異同，不可以校讎當時的看法即視爲必然，若無肯定的把握，不妨存闕疑，以待後人能解。他說：

> 是非異同相因而至，使吾執一偏之見，過於自信，則今日讀之而以爲然者，未必他日讀之亦以爲然。何如姑闕吾疑，留以有待乎。〔註51〕

孫氏所言，一則表示校書須加詳審，不可過於自信外，二則認爲如有今日不可解者，可存「闕疑」，以待來日而能解。這是抱持「成書不必在我」之意，亦即校書詳審之意。

3、不可強書就我，妄爲假借

孫德謙認爲校書之事，對於一字之增損，都需詳加審訂。他舉考據學家於一書之中，過度使用「假借」之例、「傳鈔」之誤，任意更改書中文字。又強用「誤植」之例，刪除書中文字，以合其解釋。他說：

> 若不善校書，全無一句，而率意改更。抑或強書就我，妄援假借之例，以便其改字。形聲不通者，則歸其罪於傳寫。尤有甚者，勇於改書，義所難解者，則悍然去之，無復有所顧慮。吾恐書之幸而獲傳於今，其間文字歧異，經校讎者之手，私相刪改，當不可勝算矣。
> 〔註52〕

因此，孫德謙認爲參與校讎之事，不可有強書就我的態度。否則書經校讎者之手，即使獲傳於今，亦早已面目全非，如同亡佚矣。

4、不可膠執私意，任意菲薄

孫德謙曾批評當時治經學者，認爲他們過度重視考據的功用，而忽視義理的重要，即是失之偏頗。他說：

> 如近世苟爲說經之士，而評其得失也，必且訓詁爲得，而以義理爲失矣。要豈持平之論哉。〔註53〕

〔註51〕 孫德謙：《劉向校讎學纂微》，頁 16a-b。
〔註52〕 孫德謙：《劉向校讎學纂微》，頁 17a。
〔註53〕 孫德謙：《劉向校讎學纂微》，頁 28b。

孫氏認為校讎圖書時，對一書之價值論定，是校讎者的責任。但是在論定一書價值時，則不可以私意為之，必須秉持公心，論定群書。他說：

> 況任校讎之責，論定群書，吾不能膠執私意，一如《四庫提要》涉
> 及宋學，必菲薄之。〔註54〕

孫氏舉《四庫提要》為例，認為《提要》在敘錄一書時，過度重視漢學，凡涉及宋學者，輒貶低其價值，故孫氏曾撰寫〈四庫提要辨誤〉批評。故孫氏以校讎圖書撰寫序錄時，以不可膠執私意為戒。

5、不可無所依據，自我作古

孫德謙對校讎時分部類例的工作，視為一專家之學。須有專家，方能分部類例。他說：

> 編次群書，非長於校讎者，不足與語此乎。〔註55〕

又說：

> 非得專門名家，不能夠分析類例

又說：

> 世有平昔一無學業，乃任以校讎之役時，或虛心待問，挾諸書以就
> 質於人，則其書門類尤不至顛倒而錯亂。倘竟自我作古，尤不知有
> 所依據，則部目襍陳，轉不如鑒賞者，尚無歧誤也。〔註56〕

孫氏認為在校讎時，能夠擔任分析類例這個工作的人，必定是平日深研於學術，對學術有所博通者。否則，分類時沒有紮實的學問作基礎，在書籍的歸類編次上，容易造成顛倒錯亂的情形。但能夠博通各家學術人，世所難見。因此，孫氏認為擔任校讎者，必須虛心就下，不吝持書與人討論，得所依據方對書籍加以分類，才不至於顛倒錯亂。若自以為是，無所依據即編次群書，則分類錯亂，正確性不足，反而不如鑒賞家目錄。雖然僅注錄書名、行款，但起碼尚無訛誤。

三、目錄之種類與特色

對於目錄的種類，孫氏認為從目錄所重視之內容的角度，可分為藏書家目錄、讀書家目錄、史家目錄三類。從著錄內容的詳略情形來看，可分為專

〔註54〕 孫德謙：《劉向校讎學纂微》，頁 28a。
〔註55〕 孫德謙：《劉向校讎學纂微》，頁 11b。
〔註56〕 孫德謙：《劉向校讎學纂微》，頁 22b。

家目錄與史志目錄二類。

從所目錄所重視的角度來看，孫德謙說：

> 目錄之學有藏書家焉，有讀書家焉。向謂此二家足以盡之。今觀於班〈志〉，則知又有史家也。〔註57〕

孫氏認爲藏書家目錄重視著錄圖書的刊刻年代、校勘人物、篇頁行款、收藏圖記。重視圖書的外在形式，視書籍爲典藏之珍秘。他說：

> 藏書家編纂目錄，於其書之爲宋爲元，或批或校，皆著明之。甚者，篇葉之行款，收藏之圖記，亦纖悉無遺。至一書之宗旨，則不辨也。蓋彼以典籍爲玩好之具而已。〔註58〕

又認爲讀書家目錄重視的是一書之考據、學說之論辯、得失之分判。但對於一書之宗旨，學者各有論說，未必盡爲愜當。他說：

> 讀書家者，加以攷據，斯固善矣。如晁公武《讀書志》、陳直齋《書錄解題》，每一書下，各有論說，使承學之士，藉以曉此書之得失，未嘗不可。然即謂其宗旨如此，猶未足奉爲定評者也。〔註59〕

至於史家目錄，孫氏認爲此爲目錄書中體例最爲完備者。歸納《漢書藝文志舉例》書中，孫氏對史家目錄的看法，可知孫氏認爲史家目錄具有以下之特殊性：

1、不重視出典

孫氏認爲類書與輯佚書對於出處需特別重視，有其原因。他說：

> 類書中，事實若不注出典，則近於鄉壁虛造；搜輯佚書，往往於援引書籍，並卷數，亦注記之。所以不厭其詳者，以原書雖亡，今所存，皆其散見於他說者也。〔註60〕

孫氏認爲類書與輯佚書必須徵信於人，因此對於出處特別重視。而史志目錄則重視「辨章學術，考鏡源流」，重視的是分類的正確與否。他說：

> 夫史家之作〈志〉，所重者在辨章學術，攷鏡源流。與類書、輯佚書有別。〔註61〕

又說：

〔註57〕孫德謙：《漢書藝文志舉例》，頁4b。
〔註58〕孫德謙：《漢書藝文志舉例》，頁4b-5a。
〔註59〕孫德謙：《漢書藝文志舉例》，頁5a。
〔註60〕孫德謙：《漢書藝文志舉例》，頁2a。
〔註61〕孫德謙：《漢書藝文志舉例》，頁1b。

以傳體比類觀之，修史者但求部次確當，得失詳明，引據之書無取
條注。〔註62〕

可知，編纂史志目錄時，須特重其分類的正確，以及學術源流的考辨。至於
出處，則不須詳加條注。

2、重要言不繁

孫德謙認為專家目錄在著錄一書上，特別重視反覆推詳，以證其說。而
史志目錄則重視勾勒一書之義理，提供讀者參考的線索，因此重視要言不繁。
他說：

專家目錄於一書也，不憚反覆推詳，若史家者，其於此書之義理，
只示人以崖略，在乎要言而不煩。〔註63〕

孫氏認為史志目錄在撰寫一書的敘錄時，僅加以提挈大旨即可。至於是非異
同，則於各類之後，再加以討論即可。他說：

史家者，凡一類之中，是非異同，別為議論，以發明之。其於一書
之下，則但挈大旨可耳。〔註64〕

在引用書籍方面，孫氏舉班固〈藝文志〉刪除劉歆《七略》〈輯略〉一事，
認為史志目錄重視簡要、有條理。因此在引用諸書時，只取其「至要」之語，
其餘刪去則可。他說：

史家目錄貴乎簡要有法，以《漢》〈志〉之刪〈輯略〉，則一切無關
要義者，竟刪削之可也。〔註65〕

孫氏認為史家目錄與類書不同，不可誇多務得，虛占篇幅。他說：

昔嘗讀馬貴與《文獻通考》矣，其〈經籍〉一考，羅列晁陳諸氏之
說，搜采不可謂不勤。然昔人以類書視之，豈非以誇多務得，虛占
篇幅，未達史家有刪要之例乎。〔註66〕

對於史志目錄與專家目錄之不同，孫氏從《四庫提要》與《漢》〈志〉相
互比較，他說：

《四庫提要》載錄諸書，皆為之論列得失，所以示人知所去取也。
然以《漢》〈志〉觀之史體則異乎。是何也？《提要》者，專家目錄

〔註62〕　孫德謙：《漢書藝文志舉例》，頁 2b。
〔註63〕　孫德謙：《漢書藝文志舉例》，頁 3b。
〔註64〕　孫德謙：《漢書藝文志舉例》，頁 5a。
〔註65〕　孫德謙：《漢書藝文志舉例》，頁 4b。
〔註66〕　孫德謙：《漢書藝文志舉例》，頁 3b。

之書也，《漢》〈志〉於一書下，不過略述大旨，或僅記姓名，其辨
章得失，則於後論中見之。〔註67〕

又說：

《四庫提要》凡其人撰述錄入前篇者，其下則曰「某有某書矣」，注
錄雖亦得參證互觀之義，其與史家目錄則異矣。〔註68〕

由此可見，專家目錄與史志目錄之不同處，在於敘述之詳略。專家目錄敘述
越詳細，讀者越能知一書之去取，且於一人事略可重複注錄。而史家目錄，
則重視整個學術的辨別，源流的考鏡。故於諸書當中，僅摘取一書之大旨即
可，故重視要言不繁。

3、重考見源流

史家目錄重視考見源流，因此在師承、家學上，必須注錄。孫氏說：

後之志藝文者，於其人學有師承，不當注之曰「爲某某弟子」乎。
誠以史家目錄須明乎學術源流，故不徒專司簿籍已也。〔註69〕

又說：

或言後，或言子，必敘述之者，所以敦重家學也。夫史家於列傳之
中，詳著其家世。藝文志者，爲學術之所關，其人親秉家學，又可
闕而不書乎？後人於編訂時，應用其例曰「某氏後、某是子」，如是，
則學有本原，而其書益足重也。〔註70〕

此外，對於作者的注錄，孫德謙認爲目錄家應詳加考證作者的生平事蹟。但
在史志目錄的注錄上，則可以和「列傳」相配合，只注錄「有列傳」，供讀者
自行參考即可，不須重複注錄。他說：

撰著之人，目錄家考其里居、職官與生平之行事，所以爲讀者計，
使之備知顛末也。史家則異是。於有傳者，但書「有列傳」而已。

〔註71〕

又說：

藝文一志，與列傳有相資爲用之道也。何則史傳中，於其人所作
何書，不皆臚列篇末乎？乃錄其名目，或不明其所以作書之意者。

〔註67〕 孫德謙：《漢書藝文志舉例》，頁 6a。
〔註68〕 孫德謙：《漢書藝文志舉例》，頁 36b。
〔註69〕 孫德謙：《漢書藝文志舉例》，頁 18b。
〔註70〕 孫德謙：《漢書藝文志舉例》，頁 19b。
〔註71〕 孫德謙：《漢書藝文志舉例》，頁 19b-20a。

殆以記事、記言，史有二體，傳為記事，志則為以記言與。然志
雖記言，儻於人之事實，均從蓋闕，誠非知人論事之義。故有傳
者，則必書之。不第執簡以御繁，並寓左右之理也。後世史簿專
家，設官分任。《隋》〈志〉而下，遂不循此例。鳴呼，豈不悖哉。
〔註72〕

孫氏認為史書有記事與記言二體，列傳記人之生平，屬記事；藝文志記人之
著作，屬記言。但史志尚簡，因此，〈列傳〉與〈藝文志〉須相互搭配，避免
重複注錄的情形。

第四節　孫氏校讎編目之方法

孫德謙認為校讎活動包含：校勘、目錄、輯佚、辨偽等圖書整理工作，
且在事前必須有適當準備。以下則就其校讎編目等工作，分別敘述其方法。

一、事前之準備工作

孫德謙認為，在校讎編目圖書之前，必須有適當準備工作。準備工作可
分為在人、在書兩方面。在人的部分，必須有正確的態度，在書的部分則必
須廣儲副本。

正確的校讎態度，在前節已論述，此則不再贅言。在廣儲副本方面，孫
德謙認為，在開始從事校讎工作之前，必須先準備多種版本的副本書，以備
校讎時與底本對校。他說：

校讎之學，其所先務者，在眾本之取備，大可見矣。〔註73〕

又說：

校書之事，必備有眾本，乃可以抉擇去取。〔註74〕

又：

蓋不備眾本，書之或有缺佚，或有謬誤，其義皆不可通，此讀者之
大憾也。故既得一別本矣，足與此本對校，又當兼備眾本，如是則
異同得失，始能辨別，而有所折衷。〔註75〕

〔註72〕孫德謙：《漢書藝文志舉例》，頁 20b-21a。
〔註73〕孫德謙：《劉向校讎學纂微》，頁 2b。
〔註74〕孫德謙：《劉向校讎學纂微》，頁 1a。
〔註75〕孫德謙：《劉向校讎學纂微》，頁 2a。

可知孫氏認為，校讎時先廣儲副本的目的，在於校讎時，能夠互相參稽，以便決擇去取，辨別異同得失時，能有折衷的依據。同時避免書有缺佚，或有謬誤時，無法取決，造成其義不通的遺憾。

二、校理一書之方法

孫德謙認為，校讎整理書籍，有以下步驟：

1、刪除重複篇章

孫德謙認為，一書之中若有重複篇章，則必須刪除之。而這也是校讎活動中，第一件要做的事，他說：

> 吾謂一書之中，苟有復重，亦必當刪除之。〔註76〕

又說：

> 書之復重，余獨亟亟焉取其要刪者，何哉？以校讎之始事則然也。
> 〔註77〕

孫德謙在此所說必須刪除的重複篇章，指的是文辭、字句完全相同者。若文章之大義相同，但在文字上卻稍有不同者，則仍須並存，不應隨意刪除。他舉出不應當做為複重，而刪除的文章有：

> 夫書有彼此互見，前後複出，或聞疑載疑，或辭意並同，而字句少異，則一仍其舊。〔註78〕

又說：

> 倘為兩家之書，而商韓又俱長於法。雖明知其復重，則不欲為之妄刪，此殆仍抱其不敢遺失之意。〔註79〕

可知，孫氏對於一書之中，有彼此互相參見、前後文重複呼應、僅有部分字句不同的文章，他認為都應該留存。又兩個不同學派的書，若有重複出現者，則應兩家留存，不應刪除，以免誤刪，遺失考索的線索。

2、輯錄增補佚文

孫德謙認為，書籍傳至今日，其有闕佚者甚多。因此，校讎時如獲得佚文，應加以輯錄，以蒐羅散佚。他說：

〔註76〕孫德謙：《劉向校讎學纂微》，頁 4b。
〔註77〕孫德謙：《劉向校讎學纂微》，頁 6a。
〔註78〕孫德謙：《劉向校讎學纂微》，頁 4b。
〔註79〕孫德謙：《劉向校讎學纂微》，頁 5b。

> 夫書之傳於今者，其闕佚正不少矣。宋王應麟首為《康成易注》、《三家遺詩》，世之輯佚書層見而迭出，此真學者之幸也。雖未必成為原書，而獲觀佚文，如：《尸子》、《燕丹》一為雜家，一為小說，猶足得其指歸。即非全本，若《慎子》也、《商子》也、《司馬法》也，吾見今皆附以佚文，是則網羅散佚，豈惟史家之事，校讎家可漫不加察哉。〔註80〕

除了佚文須加輯錄外，孫氏認為，校讎者於所校書中見所記載一事，於其他版本中，對此事亦有所討論，且詳略不一、是非莫定者。應過錄各版本討論之語而存之，他說：

> 向於所校書，苟有別義，無不錄存本文之下。蓋向據中外書，有見之他本者，又六藝諸子彼此並載一事，往往有詳略不同而是非莫定者。所謂過而廢之，真不如過而存之也。〔註81〕

可見，孫氏認為校讎活動，不僅只是校勘書籍是否正確，對於書籍中散佚的篇章，或是不同的紀錄，都有錄而存之，以備後人參稽的必要。

3、條舉編次篇目，分篇內外

在刪除復重之後，孫德謙認為一書之中的篇目，亦須條舉表列。他說：「一書自有篇目，校讎者應取而條列之也。」〔註82〕孫氏認為，書籍在流傳的過程當中，相當容易亡失。因此透過篇目的條列，至少可以達到保留篇目的目的。即使後來書籍亡佚，只要目錄尚存，讀者便可透過目錄而推尋其書意旨。他舉劉向校讎之例而言，認為許多圖書：「苟非向條其篇目，將至今日而盪焉無迹矣。」〔註83〕可知，劉向當初校讎時，有鑒於自秦火以後，到成帝之前，書籍已有數次亡失的記錄。因此，提出校理書籍必須條舉篇目的作法，使得許多佚書，今日還能夠索得其篇目，略見其書大綱。

此外，古書中有分內、外篇者，孫德謙認為，這是劉向在校理圖書時，為了區分「官守之書」、「家藏之書」而設置。後人校理圖書，已無所謂官守與家藏的分別，但書籍仍保持有內、外篇之分的慣例。孫德謙認為這是後世儒者，仿其古雅，而自行區分內外。則名雖相同，但實則不同。他說：

〔註80〕孫德謙：《劉向校讎學纂微》，頁 45b-46a
〔註81〕孫德謙：《劉向校讎學纂微》，頁 51b。
〔註82〕孫德謙：《劉向校讎學纂微》，頁 6a。
〔註83〕孫德謙：《劉向校讎學纂微》，頁 9b。

內外分篇，在後之文儒，於其著書，都有自行區囿，以爲古雅者。

其實，《莊子》諸書，凡言內篇、外篇，當是向校書時，據秘室收藏，

以及向等私家所有，析爲內外，非原本已然也。〔註84〕

除了後世文儒自行區分內外篇外，孫氏認爲校讎家在校理前人著作時，亦有視情況爲其文集區分內外篇的情形，但並非區分官守、家藏，或是文章高下，而是用以區分「集外文字」。他說：

凡文人別集，其經後賢搜訪者，往往名爲《外集》，推其用意，蓋以

前集流傳，而今之刊布皆其集外文字，不欲與之混雜，故用《外集》

爲稱。〔註85〕

孫氏認爲文人文集，刊刻時或許會遺漏部分文章。經過輯佚後，會發現一些前集刊刻時，未收錄的文章。此時可以外集爲稱，與前集作出區分。一方面新增文章，另一方面仍可保持前集原貌，不致相互混雜。

4、定書名存別名

孫德謙認爲校讎者在整理古人著作時，對於古書無書名，或是一書有多名的情況，校讎者必須刊訂書名。他說：

書有古人自著，當初並無定名，吾不妨爲之裁定者。〔註86〕

又：

亦有名目繁多，而舊題未協，當可以吾意重加刊定者。〔註87〕

孫氏尙引《後漢書》以及《隋書》〈經籍志〉中所著錄者爲例，認爲漢朝時，古書並無稱爲「集」者，到了《隋書》〈經籍志〉，才有「某某集」的著錄。因此，孫氏認爲，文人「別集」、「文集」的定名，乃是校讎家整理其著作時所爲。他說：

范蔚宗《後漢書》，於其人傳後，每書詩賦箴銘若干篇。其時初無集

名，及至《隋書》〈經籍志〉中，則必曰「某某集」，是亦後儒校讎

定其名目。〔註88〕

又：

〔註84〕 孫德謙：《劉向校讎學纂微》，頁 14a
〔註85〕 孫德謙：《劉向校讎學纂微》，頁 14b。
〔註86〕 孫德謙：《劉向校讎學纂微》，頁 9b。
〔註87〕 孫德謙：《劉向校讎學纂微》，頁 9b-10a。
〔註88〕 孫德謙：《劉向校讎學纂微》，頁 11a。

別集定名，謂係校讎之所爲。〔註89〕

因此古人著作繁多，但生前未刊行者。身沒之後，後人代爲整理其著作時，必須命定書名，以期能夠流傳久遠。他說：

> 其人平生著作積稿盈笥，身沒之後，代爲整理，則其書名自當重行
> 訂定，乃足以傳之來世。〔註90〕

校讎時除了命定書名之外，孫氏還認爲校讎者有保存書名的責任。他說：

> 夫書有別名，校讎家當標著之，不徒取廣異聞，亦以析後賢之疑也。
> 蓋一書而提別名，使後賢觀之，見其文義則相同，而稱謂則不合，
> 不將啓其疑乎。〔註91〕

孫氏認爲古書中有一書多名者，其書之別名，校讎時仍必須記錄，以保留線索，待後人產生疑惑時，能夠做爲解疑的參考。透過孫氏所論，進行校讎活動時，必要時要重新命定書名，以求書籍能夠流傳長久，同時還必須記錄書之別名，記錄書之源流，待後人考索。

三、圖書編目之方法

孫德謙對近代校讎學者，校勘時多專注於聲音訓詁的考據工作，而忽視書中大義的推闡，編目時則僅重視其版本是否爲宋刊或元刻本，對於書籍的類例是否正確則不加重視，他說：

> 近人之爲校讎也，則不然。辨之於聲音訓詁而支離破碎，彼編訂書
> 目者，則只求之宋刻元刊以衿其奇祕。其事化爲兩塗，世有楊朱不
> 免興大道多歧之嘆矣。〔註92〕

孫氏引鄭樵〈校讎略〉之語，認爲分別部類是校讎時重要的事情，他說：

> 鄭樵有言曰：「士卒之亡，由部伍之法不明也；書籍之亡，由類例之
> 法不分也。類例分，則百家九流各有條理，雖亡而不亡也。」此其
> 〈校讎略〉云爾。誠哉，部類之分，爲校讎之要務哉。〔註93〕

在圖書分類編目的方法上，從孫氏的著作中提及者，可歸納爲「圖書編目的共通原則」、「圖書編目的具體方法」二類。

〔註89〕孫德謙：《劉向校讎學纂微》，頁 11a。
〔註90〕孫德謙：《劉向校讎學纂微》，頁 10b。
〔註91〕孫德謙：《劉向校讎學纂微》，頁 50a-b。
〔註92〕孫德謙：《劉向校讎學纂微》，頁 19b。
〔註93〕孫德謙：《劉向校讎學纂微》，頁 20a-b。

（一）圖書編目的共通原則

　　孫德謙認為，鄭樵在〈校讎略〉中，對於目錄如何分部類的方法，已有詳述，但仍有不足之處。孫氏認為〈校讎略〉在子部的儒家與雜家之間，史部的雜史與傳記之間的分判，尚未詳述。他說：

> 自唐而後，四部之名，已無可更易。編次之難，莫難於子史兩部，子則尤在儒、雜二家、史則尤在雜史、傳記。〔註94〕

對此，孫氏認為儒、雜二家的分判方法，可用班固《漢書》〈藝文〉志對二家學說的分析，謹守其說，必能分別得當：

> 班〈志〉儒家云：「遊文於六經之中，留意於仁義之際，祖述堯、舜，憲章文、武，宗師仲尼，以重其言。」雜家云：「兼儒墨、合名法、知國體之有此見，王治之無不貫。」苟編次儒雜家書，吾謹守其說，則必能愜心者，貴當矣。〔註95〕

另外，在雜史與傳記的分判上，孫氏舉《隋書》〈經籍志〉的說法，認為：

> 《隋》〈志〉雜史云：「大抵皆帝王之事。」雜傳云：「股肱輔弼之臣，扶義人叔儻之士，皆有記錄。」是明明有帝王、臣士之別，吾亦謹守其說。而此二類書即可本之。〔註96〕

再者，孫氏又提出分別部類的「比擬之法」，即認為若不知一書該歸於何類，可參考前人分類的狀況，加以推定。有前人之例可準，可有所依據。他說：

> 書之種類，一時無從編次，又有比擬之法在。何謂比擬？取此一書，將前人編次歸入何類者，吾依仿而定之。如是則例有前準，可無失次之虞。〔註97〕

孫氏更提出校讎時，在編次上應有的態度：

> 夫編次而須持以慎謹，奈之何輕議校讎哉。夫編次而偶或不謹，必將有他人所著，誤入此書之中，使其人沉冤千古者。〔註98〕

又：

> 後之任校讎者，曷取全書旨趣異同，而詳辨之哉。〔註99〕

〔註94〕孫德謙：《劉向校讎學纂微》，頁 12b。
〔註95〕孫德謙：《劉向校讎學纂微》，頁 12b。
〔註96〕孫德謙：《劉向校讎學纂微》，頁 12b。
〔註97〕孫德謙：《劉向校讎學纂微》，頁 13a。
〔註98〕孫德謙：《劉向校讎學纂微》，頁 13a。
〔註99〕孫德謙：《劉向校讎學纂微》，頁 22a。

－114－

可知，校讎時，在編次上須採取謹慎的態度，從全書的旨趣異同之處，進而詳細辨正，避免錯誤。

（二）圖書編目的具體方法

在具體的編目方法上，可就目錄所收錄之內容，分作者、書篇名、圖表、分類編次等項，分別敘述。

1、作者的著錄

圖書編目時，對於一書之作者，必須注錄。但在書籍的流傳過程中，或由於世變，或由於後人研讀，進而對書籍增補、注疏、改異、僞造等。編次目錄時，一書之作者是誰，便產生許多複雜的狀況。孫德謙在研究《漢》〈志〉時，細查班固著錄作者的方式，針對不同狀況，提出其看法。

（1）一書有後人賡續為之者

古人著作，成書之後，或許有人再接續撰作。兩書之間，彼此有接續關係。孫德謙認爲：「書有作之於前，與續之於後，不可不敘述者也。」〔註100〕要如何敘述二書之作者呢？孫氏說：

> 各自爲篇，與前書並列，固可覽錄而知之。若同在一書，其中或篇、或卷不出一人撰著，據班〈志〉例，不當言某某所續乎？蓋注錄之法，理所當然者也。〔註101〕

孫氏認爲若續作與原作各自成書，則二書並列；若續作與原作同在一書，則在篇目下言「某人所續」，以爲區別。

（2）一書作者有數人者

一書若爲數人所作，孫氏認爲可以「等」字概括，他說：

> 然一書也，或出同時所修，或爲數人所作，僅錄主名，此外則一切掩沒之。於心何安？惟以等字該之，則辭尚體要。後之人亦可博訪周咨，不致有文辭不少概見之患。〔註102〕

另外，亦可將眾人姓名並署，以爲記錄：

> 目錄家於作者姓名必記載之，其稱某某等者，如《漢》〈志〉車忠等歌詩是已。其閒復有數人所作，而姓名得並署者。〔註103〕

〔註100〕孫德謙：《漢書藝文志舉例》，頁 16a。
〔註101〕孫德謙：《漢書藝文志舉例》，頁 15b。
〔註102〕孫德謙：《漢書藝文志舉例》，頁 14a。
〔註103〕孫德謙：《漢書藝文志舉例》，頁 26b。

以「等」字概括所有作者，或將作者姓名並署，二種方法皆爲班固編纂《漢》〈志〉所用之。孫氏認爲後人編纂〈藝文〉，可參考使用。

（3）一書作者時代不明者

編纂藝文時，若有一書作者不詳其時代者，孫氏認爲依照《漢》〈志〉的作法，可用「並時例」，如：與某某並時。亦可「兼稱兩朝以渾言」，如：襄、惠之間。亦可稱某帝人，如：顯王時。若不知爲某帝時人，但知其朝代，則可稱某朝人，如：漢世官。再不知者，則可參稽典籍，「備引異說，以存疑之」，如：孔子問焉。再不知者，則以「知之爲知之，不知爲不知」的態度，直言「不知何時」。

記錄朝代尙且如此，編定次序時，則更難以排序。孫氏參考前人方法，認爲：

> 目錄家於此，將若何而部次之？曰：凡所不知者，附錄每類之後，
> 倘已確知爲某朝人，則附列某朝之末，可也。〔註104〕

孫氏認爲，凡有所不知者，則附錄於每類之後。如：不知某年者，則附於某帝之末。不知某帝者，則附於某朝之末。不知某朝者，則附於該類之末。

（4）一書不知作者姓名

編纂藝文時，若於一書當中不知作者姓名時，孫德謙認爲可用以下的處理方式：

a、存闕疑

孫氏認爲編纂藝文時，校讎態度不可胸持臆斷，故若爲不知，則應守闕疑之例。他說：

> 世之志藝文者，如於其人姓字里居以暨書名異同，當守存疑之例，
> 烏可胸持臆斷也哉。〔註105〕

又說：

> 《論語》〈子路篇〉云：「子曰：君子於其所不知，蓋闕如也。」誠
> 以強不知爲知，則必有穿鑿附會之弊。目錄家於書無作者姓名，往
> 往闕之，所見甚正。〔註106〕

孫氏爲了避免穿鑿附會的情形，故目錄家志目錄時，無法確知作者時，往往

〔註104〕孫德謙：《漢書藝文志舉例》，頁 33a。
〔註105〕孫德謙：《漢書藝文志舉例》，頁 30b。
〔註106〕孫德謙：《漢書藝文志舉例》，頁 31b-32a

闕其姓名。

　　b、述言似

　　孫氏認爲編纂目錄時，若其書作者無法確知，但又能從著作中窺見其旨意，或爲某人所作時，可言「似某人所作」。他說：「後之志〈藝文〉者，於其書無撰人姓氏，苟能細辨文字，以意窺測之。則亦可言「似某氏所作」矣。」〔註107〕

　　c、記傳言

　　古人口耳相傳之事甚多。古書相傳作者爲誰者，亦不在少數。孫氏認爲：「古書中，相傳爲某氏作，不能不據以著錄，而其實可疑者，多矣。」〔註108〕孫氏認爲傳言之事多不可信，但編目錄時，在不知作者的情況下，又不能不注錄時，孫德謙認爲可加以說明之，如：舊題、或省舊字單言「題」、或記「世傳」等方式，加以注明。

2、書名、篇卷的著錄

　　編纂目錄時，對於一書的篇章，必須加以著明，他說：

> 志藝文者，於一書爲若干篇、若干章，即同一刻本，此與彼異者，均
> 須詳注以闡明之。又有一人文集，其中分立名目，或爲家居作、或爲
> 在官作、或爲紀行作，亦當援〈蒼頡篇〉例，注明於其下。〔註109〕

孫氏認爲著錄書名篇卷，必須包含一書之篇數、章數、差異處。甚至個人文集中，還必須加以注明此書爲何時所作，方爲詳盡。又一書之中，如書名有別名，亦應注錄，他說：

> 書有別名者，應稱「一曰某某也」。夫書名歧出，或其人自爲更定，
> 而後人不知從其最初者而言，亦或原書名目，經後人之補緝，因而
> 異其舊稱，世多有之。此而不用班氏一曰之例，豈不令人滋疑乎。
> 〔註110〕

孫氏認爲書有別稱時，應加注「一曰某某」，以避免誤以爲二書。除了書有別名須加注錄外，孫氏還提出一人著作有初刊、續刊，有後人爲之重刊、補編等情形。他說：

〔註107〕孫德謙：《漢書藝文志舉例》，頁24b。
〔註108〕孫德謙：《漢書藝文志舉例》，頁33b。
〔註109〕孫德謙：《漢書藝文志舉例》，頁25b。
〔註110〕孫德謙：《漢書藝文志舉例》，頁16b。

一人著作，當時付之刊刻，不能無遺，後且有自經刪削者；其後或
友朋爲之廣事搜羅；或子孫爲之重行輯補。較已傳世之本，卷數、
篇數增多於前。使非言某某所加，其啓後學之疑焉，必矣。是亦當
詳細辨析者也。〔註111〕

孫氏認爲，對於續刊、重刊、補編等書，卷數、篇數有較初刊爲多者，校讎
者在著錄時，應該詳細注明增補的篇目、卷數，以避免後人疑惑。

3、圖譜的著錄

鄭樵在《通志》中，有〈圖譜略〉一文，曾力陳編纂藝文時著錄圖譜的
重要性。孫氏引其說曰：

昔鄭樵作《通志》，於〈藝文〉以外，別創〈圖譜略〉，蓋深知圖之
足重也。後史編輯藝文，凡其書有圖者，須記其卷數，注之曰「若
干卷」。即或散入篇中，亦必以其爲圖之數而載出之。夫圖書固交資
爲公也。〔註112〕

孫氏認爲「書有圖者」在藝文志中，須仿鄭樵《通志》之例，著錄圖譜之數。

4、分類編次的方法

在分類編次上，編纂藝文須照各學科宗旨之不同，加以分類。孫氏受章
學誠影響，認爲分類時，可用「別裁」、「互著」的方法。他說：

書有單行本者，不必以既錄全書於此。而彼一類中，遂闕其目。又
或一人著述，已入集部，名其書曰「某某全集」，乃其中一種，爲彼
專門之學，並可摘出別行，次諸他部之內，不嫌其割裂也。〔註113〕

別裁之法是說，將某人全集中的著作，依照這種專門的學科分類，分別裁出
歸類於各部。又說：

編藝文者，苟知一人所著書，可互載他類，則宜率而行之矣。夫書
之貴互著，猶〈列傳〉之貴互見也。《史記》以子貢入「仲尼弟子」，
於〈貨殖傳〉中，則又列其名。不可心知其意乎？要之藝文一志，
苟不達互助之例，凡書可以兩通者，將有舉此遺彼之患。夫何可哉！
〔註114〕

〔註111〕 孫德謙：《漢書藝文志舉例》，頁 15a。
〔註112〕 孫德謙：《漢書藝文志舉例》，頁 26a-b。
〔註113〕 孫德謙：《漢書藝文志舉例》，頁 28a-b
〔註114〕 孫德謙：《劉向校讎學纂微》，頁 29a。

互著之法則是將一人所著書，可以分列兩部者，各自均爲著錄，

四、撰寫敘錄之方法

　　孫氏批評近世之校讎學者，於敘錄僅重視書中所記之圖記、歌詩、題跋，對於其書之宗旨，則未加關注。他說：

> 乃近世目錄家，鑒觀圖記，喜綴歌詩，而於書之若何宗旨，全無關涉。好事者集其題跋，萃合一編，甚有仿效其文筆者。蓋去向之敘錄，能鉤元提要者，迥乎遠矣。〔註115〕

孫氏認爲，撰寫敘錄的目的，在於揭示一書之旨意，使讀者能夠觀此敘錄，便能通作者之義。他說

> 蓋校讎之學，編訂目錄，其要在所校之書，均撰爲序錄，以揭明其大指。夫而後讀此書者，始能通作者之意。〔註116〕

又說：

> 夫敘錄者，所以闡發此書之旨。若陸德明《經典》〈敘錄〉備考經學源流，故識者交推之。〔註117〕

又說：

> 苟司校讎之事，則撰著敘錄乃其職所當爲耳。〔註118〕

孫氏認爲，在校讎活動當中，撰寫敘錄，是一件很重要的事。他認爲敘錄的撰寫，除了要包含書名、卷數、作者之外，還必須論及書的流變、學派的流變、作者在書中所要表達的意旨，以及一書的價值得失。

（一）書之作者

　　孫德謙認爲，讀古書必當知其人，方能論其事。因此，從事校讎時，必須參考史家紀傳之法，考證其人身世。他說：

> 夫讀古人書，固當一考其人與其所處之世，乃可以論定耳。然孰從而論定之？史家立傳之法，自可取也。〔註119〕

除了考證作者身世外，孫氏認爲還必須考其師承。他說：

〔註115〕孫德謙：《劉向校讎學纂微》，頁 34a。
〔註116〕孫德謙：《劉向校讎學纂微》，頁 32b。
〔註117〕孫德謙：《劉向校讎學纂微》，頁 34a。
〔註118〕孫德謙：《劉向校讎學纂微》，頁 33b。
〔註119〕孫德謙：《劉向校讎學纂微》，頁 39a。

校讎者於學有師承，固貴詳攷之矣。〔註120〕

他認為不論研究哪方面的學問，都有考其師承的必要，他說：

> 兩漢經術昌盛，最重師承，雖曉曉者各習其師，不免蔽所見聞，為法言所誚。然確守家法，成為專門。故班范作史，於其人本傳之中，無不記其師承。〔註121〕

又說：

> 抑不惟經學為然也，吾讀《史記》矣，……。若是諸子家學，俱有師承可攷矣。夫以《釋文》、《史記》其攷師承也，如彼，則校讎一書蓋可略哉。〔註122〕

他舉班固編纂《漢書》為例，認為：

> 漢儒傳經最重師承，班氏蓋審知之。不特〈儒林〉一傳，敍經學之授受，以見《詩》、《禮》諸家，俱有師法也。即於〈列傳〉中，凡其人師事某某，亦必記載之。〔註123〕

有時一書當中，並未著錄作者的名稱，孫氏認為可以注錄「作者為闕」，他說：

> 夫一書也，不知為誰氏所作，目錄家通例則注之曰「闕名」，以為斯亦足矣。〔註124〕

也可以由校讎者據客觀證據推斷作者為誰，再加注「擬」、「似」以分辨之，一方面可避免妄下斷語之弊，另方面則可提供校讎者的意見。他說：「余作《漢書藝文志舉例》，其一曰『書無撰人，定名可以言似例』」〔註125〕可知，孫氏認為校讎時，對作者身世及其師承，應加以考述，方能辨別其學之流派，分辨其書之門類。即使其書無作者，亦應由校讎者提供個人意見，標以「擬」、「似」供讀者參考。

（二）學派源流

孫氏認為校讎時撰寫敍錄，記錄一書的源流固然重要，但最重要的還是記錄一個學派的源流。他說：

〔註120〕孫德謙：《劉向校讎學纂微》，頁46b。
〔註121〕孫德謙：《劉向校讎學纂微》，頁46a-b。
〔註122〕孫德謙：《劉向校讎學纂微》，頁48a-b。
〔註123〕孫德謙：《漢書藝文志舉例》，頁18a。
〔註124〕孫德謙：《劉向校讎學纂微》，頁35b。
〔註125〕孫德謙：《劉向校讎學纂微》，頁34a-b。

雖然書之源流，其所最要者，究在學派耳。〔註126〕

孫氏認爲，治學若不重視其源流，則易犯「見仁見智」、「一得自矜」之誤，而誤入爲學的歧途。他說：

夫爲學而不識源流，則見仁見智，一得自矜，甚者誤入歧趨，無與
適道。〔註127〕

孫氏批評當時校讎學者，在撰寫敘錄時，僅重視書籍在流傳過程當中，何時爲人所藏，所藏者何人，何時流落四方，何時又被發現。此爲一書之藏棄源流的經過，孫氏以爲小者。他說：

彼其所敘源流，則第在藏棄耳。夫書豈爲專取收藏云爾哉？備儲
插架，供我摩娑，於身心有何益乎？書之貴誦習也，期以達義理，
廣見聞至藏棄源流，雖不敘說，無害也。然此特其小者耳，誠擴
而充之，推明學術以進窺乎，向之賢者識大，斯亦校讎之見端矣。
〔註128〕

孫氏認爲「書貴誦讀」，而非「僅供插架」。一書之義理及其所代表之學術流傳的經過，方爲校讎家所應見其大者。

（三）書之大旨

敘錄的撰寫，必須提挈一書之大旨。他說：

說經必有家法，作文必有宗派，即或無可辨識，將其人徵之碑傳，
其書考之序論，則在彼著書之大旨，又豈難爲之標舉哉。〔註129〕

孫氏認爲，透過作者之墓銘、傳記的記錄，以及其書之序文、評論，即可考見作者著作一書之大旨爲何。此外，孫氏在《舉例》之「此書與彼書同，稱相似例」條中說：

此書與彼書宗旨相似，編藝文者不可不表出之，蓋一經表出，而後
讀其書者，較易領悟也。〔註130〕

認爲校讎家在敘述一書之宗旨時，若兩書之宗旨相近，編〈藝文〉時，可加以注記，使後來讀者閱讀時易於領悟。

〔註126〕孫德謙：《劉向校讎學纂微》，頁26a。
〔註127〕孫德謙：《劉向校讎學纂微》，頁26b。
〔註128〕孫德謙：《劉向校讎學纂微》，頁27a-b。
〔註129〕孫德謙：《漢書藝文志舉例》，頁6a。
〔註130〕孫德謙：《漢書藝文志舉例》，頁17b。

（四）書之得失

孫氏在《纂微》一書中說：

> 爲校讎者，於書之得失，必究辨之。然後讀此書者，得吾說而細加
> 尋繹，不難於領誤。若斤斤於文字，而其書之得失不復審問，校讎
> 之學豈若是其小哉。〔註131〕

他認爲敘錄須對一書之價值做出分判，供讀者讀書時，能夠就敘錄所提，進
而領悟一書之價值及優點、缺點。而非僅就書中文字，拘泥於字句的訂誤，
而曠廢書中所要表達的義理。

在敘述一書之價值時，孫德謙引班固撰作《漢》〈志〉之例，說：

> 是班氏蓋恐無徵不信，故引古人稱說，並以見此書之足重也。〔註132〕

認爲校讎者可引用古人說法，以見重於讀者。孫氏更直言：

> 載錄書目，凡其自序，及同時後世之人，苟有序跋，皆可舉要以注
> 於下。若全錄序跋原文，而不知刪要之義，則非是。即不然，其人平日爲學，
> 群籍中或有稱說，實與所作書無涉，亦得徵引，以爲評論。蓋如此
> 則書亦見重也。〔註133〕

認爲可引用以見重之材料，如作者自序、他人序、跋中，精要之語，或群書
中有所稱說者，均可作爲評論，以見重世人。

（五）辨相傳偽說

孫氏認爲校讎時，如見某書有相傳說法，於情、理未相合者，則應深入
探求，了解此說法是否正確。如果有誤，則在敘錄中不妨再闢其謬誤。他說：

> 若自來相傳之舊說，苟於情事未愜，則亦不可不力闢之。〔註134〕

又：

> 校讎家學，果能深察是非，雖舊說相延，不妨闢其謬，而匡正之。
>
> 〔註135〕

又：

> 此校讎一書，所以遇舊說之背理者，從而闢之，豈不然哉。〔註136〕

〔註131〕孫德謙：《劉向校讎學纂微》，頁29a。
〔註132〕孫德謙：《漢書藝文志舉例》，頁29b。
〔註133〕孫德謙：《漢書藝文志舉例》，頁30a。
〔註134〕孫德謙：《劉向校讎學纂微》，頁42a。
〔註135〕孫德謙：《劉向校讎學纂微》，頁42b。
〔註136〕孫德謙：《劉向校讎學纂微》，頁43a。

又：

　　為校讎者，舊說不足取憑，而闢其誕妄，理所應爾也。〔註137〕

由孫氏所言，可見凡相傳舊說，有情事未愜、謬說相延、舊說悖理、舊說不足取憑者，校讎時必須對這些說法闢其謬誤，以免偽說繼續貽誤。

第六章　孫德謙之校讎目錄學實務
——編校章氏遺書

　　章學誠（1738～1801），字實齋，清乾嘉時人。其治學旨趣以辨章學術、考鏡源流，講究校讎，不專務考據爲主。當時考據之學興盛，其學說與潮流不相入，故當時其學不爲世所見重。到了清末，才逐漸有重視其辨章學術、考鏡源流、講究校讎之學說，並爲之闡揚者。民國初年，西學東漸，其史學造詣復受人重視，認爲遠勝西方史學家，其學說始大盛於世，其遺書的編纂，方才受人重視。

第一節　章學誠著作刊刻概況

　　章學誠的著作於其在世時，只有少部分刊行過。由於其說當時並不受重視，又刊行的數量和發行範圍有限，因此多不易見。章學誠過世前，曾將其著作交給友人王宗炎代爲編輯刊行。王宗炎編定全書爲三十卷，並雇人鈔錄，但未及定稿刊行，便撒手人寰。因此，目前流傳最早的《章氏遺書》，是由其次子章華紱，於道光十二年（1832）所刊定的《章氏遺書》，世稱「大梁本」。該書據王宗炎所校訂目錄一卷，後由劉師陸、姚椿覆校，僅收錄《文史通義內篇》五卷、《外篇》三卷、《校讎通義》三卷刊行。該本僅收錄章氏著作全稿的五分之一，且編次目錄，不盡從王宗炎所定，亦非章學誠原意。

　　大梁本刊行後，陸續又有廣州伍崇曜刻本，即《粵雅堂叢書》本；杭州譚獻浙江書局補刻本；貴州章季眞重刻本的刊行。這些版本，皆以大梁本爲

依據，並依據各地流傳的鈔本，僅作部分字句的修訂，便刊行於世。因此，這些版本之間，歧異、錯出之處甚多。

到光緒二十三年（1897），江標輯錄章學誠軼文爲《文史通義補編》一卷，收入《靈鶼閣叢書》中。同年，余廷誥將江標輯錄的「補編本」與「大梁本」合併，收入《寶墨齋叢書》中。在當時，這是收錄章學誠著作最爲完備的本子，但所收章氏著作仍不及一半。其餘章氏著作，則分別散見各處，例如：《香豔叢書》、《昭代叢書》、《藝海珠塵》、《豫恕堂叢書》、《禹域叢書》、《古學彙刊》……等叢書中均有收錄。

民國九年（1920），浙江圖書館排印徐維楨鑄學齋所藏《章氏遺書》鈔本，收錄共二十四卷，收錄較《寶墨齋叢書》本豐富，但亦僅爲章學誠著作全帙的二分之一。

民國十一年（1922），劉承幹在孫德謙的協助下，借得沈曾植所藏鈔本三十卷，又增補未刊之書二十卷，刊刻而成《章氏遺書》劉承幹嘉業堂刊本，共五十卷。章氏著作於此時始大備，嘉業堂刊本是當時收錄最豐富的章氏著作全集。嘉業堂本《章氏遺書》收羅雖富，但仍有遺珠。其中，即有五篇爲「有目文缺」的文章。

後來，錢穆講學於北京大學，曾購得章華紱家傳《章氏遺書》鈔本，〔註1〕較嘉業堂本多出十七篇文章，又有數篇文章，字數較嘉業堂本所載字數爲多。這些多出的文章，經錢穆抄錄後，刊載於《四川省立圖書館圖書集刊》，爲〈章氏遺書逸篇〉。〔註2〕

1956 年，古籍出版社出版標點本《文史通義》，即據〈章氏遺書逸篇〉，補入五篇嘉業堂本《章氏遺書》「有目文缺」的文章，作爲〈補遺續〉刊行。

1985 年，文物出版社出版《章學誠遺書》，以嘉業堂本爲底本，又據章氏家傳本補入十四篇及翁同龢舊藏朱氏椒花舫鈔本〔註3〕補入四篇，作爲〈補佚〉附在書後。此本可稱爲收集歷來各鈔本、刻本集大成者。但其奠基者，乃爲劉承幹所刊刻的嘉業堂本《章氏遺書》。

〔註1〕 此本爲章華紱當時所錄存的副本，現藏北京大學圖書館。

〔註2〕 錢穆購得章華紱鈔本一事，可參見錢穆：《八十憶雙親、師友雜憶》（台北市：東大圖書公司，1986 年 10 月），頁 162。及錢穆：〈記鈔本章氏遺書〉，《中國學術思想史論叢》（臺北市：東大圖書公司，2004 年 8 月），第 8 冊，頁 281。

〔註3〕 翁同龢舊藏朱氏椒花舫鈔本，現藏北京圖書館。

第二節　嘉業堂本章氏遺書與孫德謙

　　嘉業堂本《章氏遺書》的底本爲沈曾植所藏鈔本。沈氏所藏鈔本的來源，乃王宗炎本《章氏遺書》原編之鈔本。〔註4〕此本爲沈復粲（霞西）家藏本，後由章善慶（小雅）購得，再轉手其兄章壽康（石卿）。章壽康將此書鈔錄副本，與原鈔本均質借於醉六堂，爾後由蕭穆贖回副本。蕭穆本欲刊行，但未遂而亡。此副本則輾轉到沈曾植，並爲其所藏。〔註5〕沈曾植認爲此書極爲珍貴，從未公開示人。當時孫德謙與沈曾植交往甚密，在孫德謙從中接洽下，劉承幹始借得沈氏藏本，並整理刊行。〔註6〕

　　劉承幹刊刻《章氏遺書》，是在朱祖謀、張爾田、孫德謙的慫恿下，向沈曾植借得藏書，並且在孫德謙的協助下，從民國八年（1919）開始整理，到民國十一年（1922）年，全書始刻成。整理的過程當中，由孫德謙協助編校。劉承幹記曰：

　　　　遺書之刊，其竭力慫恿者，則朱古微（祖謀）侍郎、張孟劬（爾田）太守、孫隘堪（德謙）廣文也。惠假藏書而時從商榷者，則沈乙盫（曾植）尚書、章一山（梫）左丞、徐積餘（乃昌）觀察也。勤於徵訪獲其宏助者，則王雪澄廉訪（秉恩）、陶拙存（葆廉）參議也。佐余編校，萃力數年，而樂觀厥成者，以隘堪廣文之功爲多。〔註7〕

孫德謙亦曰：

　　　　先生之書，刊本行世者，僅《文史通義》一二種，今幸而獲睹其全，京卿之功。余爲之釐篇第，糾謬誤，亦與有力也。〔註8〕

王秉恩在〈章氏遺書校記〉中亦言：

　　　　孫君隘堪治先生之學，獨能發揮光大。佐京卿排次篇目，聲然各當。余間有疑義，每與之商略。今錄爲校記，並載其說，即與余所見不

〔註4〕　王宗炎《章氏遺書》原編之原本，在王宗炎去世後，應將稿件歸還章家，即章華綬家藏《章氏遺書》本。

〔註5〕　沈曾植所藏《章氏遺書》的流傳過程，可參見章學誠：《章氏遺書》（臺北市：漢聲出版社，1973 年 1 月，景印吳興劉承幹嘉業堂刊本），蕭穆〈蕭穆記章氏遺書〉，頁 16a-20a。

〔註6〕　詳見本論文第三章，及章學誠：《章氏遺書》，劉承幹〈序〉，頁 2b。

〔註7〕　章學誠：《章氏遺書》，劉承幹〈章氏遺書例言〉，頁 6a-6b。

〔註8〕　章學誠：《章氏遺書》，孫德謙〈序〉，頁 4a。

同者，亦采入之。讀者自爲抉擇，可也。〔註9〕

可見，嘉業堂本《章氏遺書》的編校，孫德謙不僅是提議人、介紹人，更參與過程中，釐篇目、排次序、糾謬、訂誤等工作，在王秉恩的〈校記〉中，亦多採錄其意見。可見孫德謙在《章氏遺書》的校讎上，扮演著相當程度的重要角色。

第三節　嘉業堂本章氏遺書之校讎特色

嘉業堂本《章氏遺書》，書前有劉承幹〈章氏遺書例言〉、王秉恩〈章氏遺書校記〉。〈例言〉總述《章氏遺書》編校的原則，〈校記〉則由王秉恩所錄「與孫德謙商略」之語，可考見孫氏協助劉承幹校讎《遺書》時的義例。透過二文，可以略窺嘉業堂本《章氏遺書》的校讎特色如下：

1、參考眾多版本，合眾人之力而成

孫德謙參與校讎《章氏遺書》，是以沈曾植藏本爲底本，又參考浙江圖書館的徐氏鈔本、馬氏轉鈔之山陰何氏鈔本、雙藤花館周氏鈔本、會稽董氏鈔本，以及族譜存稿、墨蹟等。又從《小方壺彙刊》等書中，摘取「斷篇」以補鈔本的不足，成〈補遺〉一卷。可見《章氏遺書》的校讎，乃參考眾多版本而成。亦可見孫氏校讎此書，謹守劉向校讎時「備眾本」的體例。〈例言〉曰：

今悉用《通義》諸刻本，至於文字之間，鈔本勝刻本者甚多，則擇善而從，折衷去取。〔註10〕

校讎文字時，在文義上若鈔本較刻本爲善者，則以鈔本爲正。如：《文史通義》〈內篇一〉〈經解中〉「著錄之收」，「收」字，浙刻本、黔刻本、粵雅堂本均作「指」，鈔本作「收」從之。又《文史通義》〈內篇二〉〈博約下〉「古學失所師承」，「古」字，各本作「故」，鈔本作「古」從之，諸如此例者甚多，從王秉恩所撰〈章氏遺書校記〉中所錄孫德謙異語可見。〔註11〕

又劉向校讎中秘時，有任宏、尹咸、李國柱等專家的協助，集合了眾人之力，一同進行。嘉業堂本《章氏遺書》的校讎，亦是如此。先有孫德謙、張爾田、朱祖謀的慫恿，〔註12〕繼之沈曾植、章梫、徐乃昌出借藏書，並不

〔註9〕　章學誠：《章氏遺書》，王秉恩〈章氏遺書校記〉，頁1b。
〔註10〕　章學誠：《章氏遺書》，劉承幹〈章氏遺書例言〉，頁4b。
〔註11〕　可參考本論文附錄二「王秉恩、孫德謙校釋異語一覽表」。
〔註12〕　章學誠：《章氏遺書》，劉承幹〈章氏遺書例言〉，頁6a-6b。

時相互商榷，提供意見，再有王秉恩、陶葆蓮協助，四處求證訪查資料。在孫德謙與劉承幹竭盡心力，編校數年之後，方成此書。書成之後，又有王秉恩通讀全書，撰寫〈校記〉。《遺書》之刊成，可說是匯聚眾人之力而成。所參與的人，皆在文獻學方面，學有專精之學者，深闇校讎。尤其是孫德謙研究章學誠學問已有數年，為當時「章學」專家。王秉恩則是參與過貴州本《章氏遺書》的校讎，熟知《章氏遺書》文字的歧誤。高志彬認為嘉業堂本《章氏遺書》，由於有孫德謙與王秉恩的參與編校，因此較舊刻本為精善。〔註 13〕

2、謹於編次補遺，刪汰複重文章

嘉業堂本《章氏遺書》的編次，是以王宗炎所編的〈目錄〉為底本，再刪定編次而成。校讎時謹於編次補遺，刪汰複重文章，特色如下：

（1）保留目錄中「鈔本文缺」的篇目，以待補遺

對於王宗炎〈目錄〉有記載之篇目，而鈔本無此文者，校讎時存其篇目。並在〈目錄〉下注記「王目有，文缺。」的校記。例如：《章氏遺書》〈卷五〉〈士習〉、〈卷十八〉〈書李孝婦事〉、同上卷〈書李節婦事〉等，即為此例。《章氏遺書》如此編目的用意在於保存其舊目，以待後人搜訪補遺。校讎者提供後人輯佚的線索。〈例言〉即說：

> 古書有文字闕佚，而仍列其目者。此故《春秋》夏五、郭公之例。
> 蓋存其舊目，不為刪削者，所以備後人之搜訪也。今如〈與孫淵如觀察論學十規〉諸篇，凡為王目所有，而鈔本未見其文者。故於〈目錄〉之下皆注「原缺」二字。〔註 14〕

《章氏遺書》刻成之後，又從雙藤花館周氏所藏《文史通義》鈔本中，錄出八篇王宗炎〈目錄〉中，有目文缺的文章。〔註 15〕因為書已刻成，故附入補遺，以補不足。又錢穆講學於北大時，從章華紱家藏本《章氏遺書》中，所鈔錄的〈章氏遺書逸篇〉，又補入了五篇「原缺」的文章。〔註 16〕可知孫德謙保留〈目錄〉中文缺的篇目，除了可供後人輯佚之線索外，亦可作為刊刻者

〔註 13〕 詳見章學誠：《章氏遺書》，高志彬〈景印劉刻本章氏遺書前言〉，頁 2-3。
〔註 14〕 章學誠：《章氏遺書》，劉承幹〈章氏遺書例言〉，頁 2b-3a。
〔註 15〕 八篇文章分別為〈跋湖北通志檢存稿〉、〈上朱大司馬書〉、〈評沈梅村古文〉、〈與邵二雲論文〉、〈評周永清書其婦孫孺人事〉、〈與史餘村論文〉、〈又與史餘村〉、〈答陳鑑亭〉。
〔註 16〕 五篇文章分別為〈與孫淵如觀察論學十規〉、〈又與朱少白論文〉、〈又與朱少白〉、〈與史餘村〉、〈答邵二雲書〉。

補入新發現文章之用。

（2）補入〈目錄〉未收之鈔本、刻本文章於「內篇」

此外，鈔本有文章，但未收錄於王宗炎〈目錄〉者，則於篇目下注記「王目無」，並參考其他資料，斟酌補入〈目錄〉之中，以求盡合於作者編次的原意。如：〈說文字原課本書後〉則參考〈庚戌鈔存雜文〉，補入於卷八〈朱先生墓誌書後〉下方。又如：〈上朱中堂世書〉，則參考〈傳記小篇〉，補入卷二十八〈記館穀二事〉下方。又卷二十九〈外集〉自〈與史梧園書〉以下詩文，則鈔本所有，而王目亦不登，今悉取以備列於後。

部分文章並未見於鈔本，且未爲王氏〈目錄〉所收，但收錄於其他刻本中者，如：《方志略例》〈二〉所收錄〈答甄秀才論修志〉數書，與〈修志十議〉及《天門縣志》諸〈序〉等文，即依據刻本《文史通義》，載入卷二十九。

（3）取鈔本以外，見於他書之文，錄入補遺

《章氏遺書》〈外編〉中，收錄〈補遺〉一卷。〈例言〉曰：

> 原缺諸文，後別得一鈔，本其有者，今錄入〈補遺〉。〔註17〕

又：

> 〈補遺〉皆取鈔本外，見之他書者。〔註18〕

又：

> 〈補遺〉乃采自他書。見之刻本、鈔本者，不得目爲佚文也。〔註19〕

可知，〈補遺〉一卷，是以「佚文」爲收錄對象，收錄標準爲「於鈔本之外，見於他書」者。如：〈論課蒙學文法〉則錄自汪如瀾《小方壺彙刻》。〈元則公又昌公二代合傳〉則錄自《章氏家譜》。

又從收藏家所藏的墨跡中，亦有可收錄於〈補遺〉的佚文。校讎時則按其文義，分立標題。例如從沈曾植所藏章學誠墨跡中，即有與朱竹君父子兄弟往返的書信，校讎時則將其分立標題爲：〈上朱先生〉、〈上朱大司馬書〉、〈又上朱大司馬書〉、〈答朱少白書〉、〈又答朱少白書〉等共十三篇佚文，〈校注〉曰：

> 以上十三篇見墨跡，原本卻無標題，今觀其文，知皆與朱竹君先父子兄弟書牘，故爲分別標目。〔註20〕

〔註17〕 章學誠：《章氏遺書》，劉承幹〈章氏遺書例言〉，頁 4a。
〔註18〕 章學誠：《章氏遺書》，劉承幹〈章氏遺書例言〉，頁 3a。
〔註19〕 章學誠：《章氏遺書》，劉承幹〈章氏遺書例言〉，頁-2a。
〔註20〕 章學誠：《章氏遺書》，章補，頁 30b。

可知，《章氏遺書》中所收錄之墨跡，校讎時亦立目，以利分別。

（4）未成稿排序「以類相從」、「一仍舊貫」

《章氏遺書》對於未成稿的編次排序，一方面透過「以類相從」的方式，整理散亂的文章，使其井然有序。〈例言〉曰：

> 《湖北通志未成稿》此一卷中，未經編訂，漫無條理。今約略以類相從，俾眉目清析，不致如原本之殽亂。較之王潛剛印本，以大京官等爲本地人士，政績誤次職官表中，全無倫類者。似尚犂然有當。〔註21〕

此外，又有部分文章，時代先後無從分辨者，孫德謙認爲此稿必非定本，故保留其原先排序，以存其原始面貌。〈例言〉曰：

> 其時代先後，不能厥協整齊者，王氏以未成稿稱之。殆亦視其董理之不易。故今於〈五世同堂〉諸目，一仍舊貫，不爲芟削，所以存其眞。〔註22〕

（5）文相同者刪去，無用複出

《章氏遺書》中對於王宗炎原編〈目錄〉所收錄的文章，後來刻入他處者，若文章完全相同，則刪去王宗炎〈目錄〉中的篇目，避免重複。〈例言〉曰：

> 今〈外編〉〈知非日札〉中所載〈周官〉、〈梅氏〉、〈柏舟〉之詩六條，王氏訂爲〈述學駁文〉，已入之《文史通義》〈外篇〉內者，文既相同，無用複出，爲刪去之。此外，凡已見〈內編〉者同。〔註23〕

又如：《校讎通義》〈外篇〉原收錄有〈和州志〉、〈藝文書例議〉二文，後來〈和州志〉刻入〈外編〉，故刪去《校讎通義》中的篇目。又《方志略例》〈二〉中收錄〈和州志〉、〈皇言紀序〉、〈湖北通志人物表敘例〉諸篇，後來載錄於〈湖北通志檢存稿〉，故刪除《方志略例》目中的篇目，以免重複。

（6）文同而字句稍異者，兩存之

孫德謙校讎《章氏遺書》時，所收錄的文章，謹守劉向校讎時「又有復重，文辭頗異，不敢遺失。復列以爲一篇，而卷七中並標明之」。對於文章大旨相同，但內容辭句或有部分異同者，輒並存收錄。如：卷二十三〈祭漢太

〔註21〕章學誠：《章氏遺書》，劉承幹〈章氏遺書例言〉，頁3a。
〔註22〕章學誠：《章氏遺書》，劉承幹〈章氏遺書例言〉，頁3a-b。
〔註23〕章學誠：《章氏遺書》，劉承幹〈章氏遺書例言〉，頁4a。

尉楊伯起先生文〉與卷二十九〈弔楊太尉墓〉二文，僅題目、篇首有「時間」及「致祭對象」、篇末有「尚饗」二字的不同，其餘均同，校讎時則兩文皆收錄之。又如：《湖北通志未成稿》〈節婦李氏張廷儒妾傳〉與《湖北通志檢存稿》中〈陶葉張汪四節婦傳〉，亦為「文同而字句則稍異」之例，故《章氏遺書》編校時，則兩存而不刪。

3、徵訪諸書，求證史傳，不輕改書中文字，亦不盡沿襲舊文

《章氏遺書》校讎時，對書中文字不輕改易，亦不盡沿襲舊文。例如：《章氏遺書》〈目錄〉：「卷二〈古文公式〉」，王氏〈目錄〉原本省去「古文」二字，則據浙刻本補錄「古文」二字，以恢復章學誠原書舊觀。其〈例言〉曰：

> 王目如古文公式，省去古文二字。諸如此類，不免過從簡略，今悉用通義諸刻本。〔註24〕

又《永清縣志》為章學誠代筆之作，因此原刊本有「臣震榮」等語。校讎時，則刪去震榮姓名等語。其〈例言〉曰：

> 名從主人，理所當然。但《文史通義》諸刻本則無此等字樣。蓋既入先生遺書，不可猶沿襲舊文也。〔註25〕

又書中注語，先有章氏原注語，後有王宗炎編次〈目錄〉時注語，校讎時，則視實際情形，略為修改，或為刪去，或為改易，以符合體例。〈例言〉曰：

> 書中注文，不但三變。〈家史〉等篇為全書逸目，即如〈詩教篇〉注云「詳見〈外篇〉」、〈校讎略〉注錄「〈先明大道論〉」（如此者尚多，不備舉），若如穀勝先生編目，《文史通義》自有〈外篇〉，《校讎通義》亦有〈外篇〉，且並無〈校讎略〉之稱。今刻應去此注。或易為「詳《校讎通義》〈原道篇〉」，庶於例為符。〔註26〕

由上述可之，《章氏遺書》的校刊，在內容上並非完全延續舊文，而是視其大義，加以調整。但在字句、文字之間，則斟酌再三，必參考諸書，求證於史傳間，方為改異。如有不可得者，則寧可「存闕疑」以待後人能解，不存「校書必成之在我」之心，避免輕改古書。〈例曰〉：

> 如引用書籍或辭句，中出傳寫之誤，確然可知者，則為之略加正。若各本皆同，而其語意為甚愜當者，又無別本可校，則一守闕疑之

〔註24〕章學誠：《章氏遺書》，劉承幹〈章氏遺書例言〉，頁 4b。
〔註25〕章學誠：《章氏遺書》，劉承幹〈章氏遺書例言〉，頁 4a。
〔註26〕章學誠：《章氏遺書》，劉承幹〈章氏遺書例言〉，頁 5b-6a。

義，不敢專輒，蹈輕改古書之失。〔註27〕

在王秉恩的〈校記〉中，所錄孫德謙校釋異語，亦見《章氏遺書》校改文字的細膩之處。如孫德謙引《宋書》〈范泰傳〉「孝慈天至」之語，認爲「此天至二字，蓋言其孝謹之心出於至性而已。」以答王秉恩對《湖北通志未成稿》〈貞女〉「孝謹天至」中「天至未解」的校語。又引《史記》〈魯周公世家贊〉、《史記集解》、《史記索引》、《尚書》所錄，以辨王秉恩在《和州志》〈二〉〈藝文〉「斷斷如也」，所提「斷斷當作斷斷」的校語。可知，《遺書》校刊之時，其字句文字必經徵訪諸書，求證史傳而後定。若不能確定者，即使其他刻本有此字，但在意義上不能通順者，孫氏亦不貿然改訂。如《文集》〈二〉〈朱先生別傳〉「跟蹌伺之不能害，似□知者」句，王秉恩認爲「□」字，國學本作「無」，可代之。孫德謙認爲從上句「跟蹌伺之不能害」之意，可知「此鳥有知，故不能加害也」。因此寧存闕疑，不以其他刻本文字代之。

4、重視書中大誼，強調內容結構和體例

從孫德謙對王秉恩校釋的異語中，可見《章氏遺書》校讎時，有透過書籍體例、內容結構的角度來對字句作校讎者。如《方志略例》〈一〉〈記與戴東原論修志〉文中，王秉恩提出「乃有名僧」，各刻本均作爲「乃首名僧」。孫德謙即從「志書體例」來反駁，他說：

> 戴修《汾州志》未見，然凡「志書」人物類，當決不以「名僧」列首。鈔本作「有」可見諸本之誤。〔註28〕

可見《章氏遺書》校讎之時，應用了古書體例的知識。又如《文史通義》〈內篇五〉〈史注〉一文中「及攷信六藝」之「及」字，各刻本作「乃」字。孫德謙則以句子的結構，來判別該句爲兩處之文，中間應爲連接詞，故以鈔本「及」字爲正。他說：

> 此以「及」爲正。上言「不離古文」則是〈五帝本紀贊〉要之不離乎古文，是也。「尤攷信於六藝」〈伯夷列傳〉中語，因係兩處之文，故加一「及」字，以聯綴之。作「乃」則不合。〔註29〕

又在《閱書隨箚》中，孫德謙對王秉恩所提「滬熙至六十八」一句，「『滬熙』上應加『盤洲』二字」，否則便不知是誰的卒年的疑問，孫氏認爲《閱書隨箚》

〔註27〕章學誠：《章氏遺書》，劉承幹〈章氏遺書例言〉，頁4b。
〔註28〕章學誠：《章氏遺書》，王秉恩〈章氏遺書校記〉，頁9b-10a。
〔註29〕章學誠：《章氏遺書》，王秉恩〈章氏遺書校記〉，頁5a。

的體例乃隨手筆記，自然無法處處詳細，加上當時所記錄者爲《盤洲集》，談論者自然是洪適卒年，所以作者原意，亦認爲無需標明。他說：

> 如此等處，實齋隨筆記錄，在當時取彼之《盤洲集》以爲此。自然是盤洲卒年。故無待標明，然後人讀之，不見原書，則疑起矣。大抵此閱書隨箚，本不足爲著述，凡不經見之書，爲今未校出者，願學者得其大略可也。〔註30〕

可知，《遺書》校讎時，一方面重視參考內容大義，另方面強調內容結構和體例，在校讎上的應用。

5、統貫上下文句，重視文本的語言特點

孫德謙曾批評俞樾「僅求一字一句，猶是不賢識小」。因此，校讎時特別重視上下文句的統貫。在他的校釋異語中，可見其從上文來考訂下文者，如：《永清縣志》〈七〉〈前志列傳〉「肆逮竹書」，王氏疑「肆逮」應爲「津逮」。孫德謙即以「上句統貫下句的角度」來回應，他說：

> 上句殘焰荒煙，此「肆逮」二字即承上而言。蓋言肆虐逮及於竹書蠹簡也。〔註31〕

此外，《章氏遺書》中，亦有見其從下文來辨證上文者，如《文史通義》〈內篇二〉〈博約下〉「古學失所師承」，王氏認爲「古」字應從各刻本作「故」字。孫德謙即以「下句承接上句的角度」，認爲作「古」在意義上較爲正確。他說：

> 以「古」爲是。所謂「古學」者，即下「六書九數」也，蓋言「書數」古學。後人失所師承，故下文「古人幼學，皆已明習，尤不能盡合於古。」即承此句而言。似鈔本作「古」，於義爲長。〔註32〕

由此可見，孫德謙校讎時，透過上下文句統貫，對有疑問處，取其義爲長者爲正。

此外，孫德謙亦透過文本的語言特點作校讎。如《文集》〈二〉〈副都御史裴公家傳〉「可仔倚如君者」，王秉恩認爲「仔」字，國學本無此字。孫德謙則以「文氣」回應，他說：

> 以文氣論，似當作「仔倚」，不可省。《詩》：「佛時仔肩。」【傳】：「仔，

〔註30〕章學誠：《章氏遺書》，王秉恩〈章氏遺書校記〉，頁 32a-b。

〔註31〕章學誠：《章氏遺書》，王秉恩〈章氏遺書校記〉，頁 36b-37a。

〔註32〕章學誠：《章氏遺書》，王秉恩〈章氏遺書校記〉，頁 2b

任也。」蓋亦言「倚任」也。〔註33〕

又如《文史通義》〈內篇四〉〈知難〉「今同業者」語，王氏認為「同業」各刻本皆作「同走」，應以此為善。孫氏認為：

> 此自「莊子曰」以下，蓋嘆同道之人，相知亦復難得。所引「惠子」、
> 「奔者」云云，乃是喻義。鈔本作「同業」，正是揭明正義耳。〔註34〕

孫德謙從其所引者皆為「寓言」之義，認為鈔本所作，於義為合。由此可見，《章氏遺書》在校讎上，亦重視透過文本的語言特點，來考訂文字。

由上述可之，《章氏遺書》的校刊，並非採用死校法，「據此本以校彼本」。而是採用活校法，「以群書所引，改其誤字，補其闕文，又或錯舉他刻，擇善而從」。

〔註33〕章學誠：《章氏遺書》，王秉恩〈章氏遺書校記〉，頁 11b。
〔註34〕章學誠：《章氏遺書》，王秉恩〈章氏遺書校記〉，頁 3b。

第七章 結 論

　　本論文以孫德謙生平交遊、治學方法、校讎目錄學爲討論重心。在釐清與了解作爲要務的前提下，透過對生平交遊的考察、學術源流的了解、文本內容的分析、後人影響的探討四個步驟，試圖釐清孫德謙及其校讎目錄學之具體內容。

　　首先，從歷史考察的角度，對於孫德謙在現今研究者視野下的形象進行觀察。孫德謙在現今研究者的視野中，較少爲人所注意。透過本論文的研究，可以歸納出以下原因：其一，孫氏在成學的過程中，未蒙名師指導。孫氏幼年，其家未以讀書種子視之，其師皆爲鄉黨士子，名不見重於世。故孫氏成學過程，皆由其自行摸索而來。其學凡經三變，先治訓詁小學，轉治經史之學，又轉治子學，治子學時，又兼治傳記譜牒學。雖各有其獨特創見，然未能於一科當中，有所專精。其二，孫氏於科舉並不順利，其參與過二次科考，雖有文名，然均未獲錄取。因此，轉而擔任幕僚，隱身於幕後。其三，孫氏屬於清末遺老文人，治學雖非謂不精，但民國時期，一方面他們失去了政治舞台，另方面又被屏於新學、西學的潮流之外。與當時政、學兩棲的新學學者相較，自然較少受到關注。加上孫氏個性又屬於沉潛型的處士學者，自然更少爲人所注意。其四，孫氏治學的主張與當時學風並不同調。首先，他反對當時被稱爲科學方法的考據學的治學方法；其次，又提倡孔教、重視昌明國粹。這在當時的西化運動下，被認爲是傳統、保守，而不被重視的。綜合上述原因，導致孫氏在現今研究者的視野中，較不受重視。

　　其次，透過學術源流的角度，對孫德謙之校讎目錄學著作，以條理、分析、考察的方式進行縱向的觀察。孫氏《漢書藝文志舉例》一書，爲《漢書》

〈藝文志〉研究史上，第一部全面性歸納整理《漢書》〈藝文志〉體例的著作，書中除了將班固編纂《漢書》〈藝文志〉的體例條舉之外，尚從方法論的角度，為後來編方志藝文者，提出編纂時應有的體例。此在學術史中，亦可視為首部從方法論的角度談方志藝文志體例者。此外，《劉向校讎學纂微》一書，探討劉向校讎中秘書之義例和方法。此於學術史中，亦屬首創之作。劉向校讎中秘所著《七略》一書，早已亡佚，歷來雖有學者輯錄其佚文，然僅止於輯佚，未加以闡發。孫氏除輯錄《七略》佚文為《古書錄輯存》書中一卷外，更闡發劉向氏校讎義例與方法。校讎活動要成為一門學問，必須要形成系統性的體例和方法。孫氏《劉向校讎學纂微》一書，即奠定校讎之為學，乃起源於劉向，而非鄭樵的《通志》〈校讎略〉。由此可見，孫氏所著《漢書藝文志舉例》、《劉向校讎學纂微》二書，在學術源流上扮演的角色。此外，近代對於校讎、校勘、校讀三者彼此間的關係，一直是學界討論的重點。從孫氏著作可知，孫氏認為校讎即是編次類例的編目工作，此為主要目的，而辨訂文字的校勘，只是這個工作中的一環，此為編目的過程。而校讀，孫氏《古書讀法略例》一書中，認為「校讀」的主要目的在讀而非校。因此，用校書的方法來讀書，與用校書的方法來整理圖書，二者的目的不同，在方法上也有差異。許多校讎方法，運用在校讀時可以變通而便宜行之，以能夠達到正確閱讀古書之意旨即可。孫氏在著作中，已分別對「校讎」、「校勘」、「校讀」三者之定義、範疇、方法，做出了明確的釐清。此為學術史上，首位將「校讀法」與校勘之間，做出明確界定的學者。

再者，透過文本的分析，可以了解在孫氏著作中，他對治學方法、校讎目錄學之研究及校讎目錄學之思想。孫氏著作多以類例之法撰著，即透過歸類舉例的方式，舉出各種條例加以分析。本論文使用歸納法，將孫氏所舉條例重加整理，可知孫氏在校讎目錄學之整體為：其一，孫氏的校讎學，是採廣義的校讎學觀點。再加上孫氏承認目錄學的觀點，可知孫氏認為校讎學即目錄學，而其中包含校勘、輯佚、辨偽、編目等工作。其二，在校勘方式上，孫氏的主張，乃是同章學誠以降義例派的校勘方法，也就是活校法。透過對古書義理、各種版本、上下文句、文義的分析推理，以考訂文字。並非死守以彼書校本書的校勘方法。但在推理考訂文字時，孫氏反對過度使用考據方法，僅透過訓詁假借方式，即對古書文字做出臆改。此外，古書中，脫文、衍文的情形，孫氏認為不宜在校勘時做出修改，否則難免主觀，失之臆斷。

其三、在編次目錄上，孫氏將目錄書分為藏書家目錄、讀書家目錄、史家目錄。孫氏認為史家目錄之體例最為完備，持論最為公平，較能表現目錄書中「辨章學術、考訂源流」的目的。孫氏透過對《漢書》〈藝文志〉體例的歸納，提出編史志目錄的原則，也就是「志為史體」的概念。此概念主要在表達史志目錄是史書中的一部分，因此其體例必須與整部史書相配合，不能獨立而觀之。史書著錄首重簡潔有法，因此孫氏認為史志目錄不須標注出處，引據諸書取其精要即可，重視要言不繁。此外，史書結構上有紀傳、列傳等部分，史志目錄著錄時，必須與這些部分相配合。例如，作者於列傳中有專傳者，著錄有列傳即可。其四、在校讎工作的實務上，孫氏佐劉承幹編校《章氏遺書》，可視為孫氏校讎學實務之代表。劉氏於〈章氏遺書例言〉中所提之編校體例，處處可見孫氏校讎思惟的表現。因此，透過對《章氏遺書》校讎特色之分析，可見孫氏校讎理論之落實在《章氏遺書》的編校當中。

最後，透過後人校讎目錄學著作之考察，可見孫氏校讎目錄學對後世之影響。其校讎目錄學之說法，頗為精要。余嘉錫撰著《目錄學發微》時，多徵引孫氏之說，以為參證。此外，後人研究劉向校讎中秘書以及《漢書》〈藝文志〉之體例，亦多徵引孫氏看法。若有異同者，亦未脫孫氏所舉之條例。可見孫氏之校讎目錄學成果對後世之影響。

此外，本論文為研究孫氏及其校讎之目錄學較為先行的研究，礙於學識，有未竟功處及未來可持續關注之方向，謹陳如下：首先，清末民初發生孔教運動，孫氏除擔任《孔教會雜誌》編纂外，亦發表數篇關於孔教相關論文，故孫氏之孔教觀及其經世致用觀點，應可持續關注。其次，孫氏校讎目錄學之研究及其思想，同時代學者亦有類似說法者，例如：姚名達對《漢書》〈藝文志〉體例，亦有申說。本論文未能比類觀之，缺乏橫向之比較研究，此亦為未來可繼續探求者。其三，孫氏受章學誠學說影響，在「六經皆史」、「文史校讎」方面的繼承甚深。從孫氏著作及其觀點，多可見章氏學說之影響。本論文礙於篇幅，未能全面探求孫氏與章氏學說之淵源、繼承與開創。又章氏學說，學界多重視胡適及內藤虎次郎等學者之研究。然孫氏所屬清末遺老派文人中，沈曾植、張爾田等人，均服膺章氏所論，張爾田《史微》一書，即為章氏「六經皆史」說之闡揚。因此，章氏學說在清末遺老派文人社群中的影響及接受程度，亦為可關注之處。

總而言之，孫氏相關研究目前尚屬草創。其經學、史學、子學之思想，

皆有見地，然目前均無人探求。就筆者觀之，孫氏著作除《古書讀法略例》
一書，有黃曙輝重新點校外，其餘均爲原刊本，并散見於各處。期刊論文部
分，皆未整理。且孫氏常發表論文之期刊，如：《孔教會雜誌》、《亞洲學術研
究會雜誌》、《學術世界》、《中國學報彙編》、《大夏周報》等，皆爲臺灣所難
得。故筆者認爲，欲推動孫氏學問之研究，《孫德謙著作集》之點校出版，應
屬當務之急。

附錄一 孫德謙著作暨後人研究論著目錄

編輯體例

一、本目錄收錄孫德謙（1869～1936）著作暨後人研究論著，孫氏於國學論述精湛，後人亦有相關研究。然迄今尚未有對其學術著作，進行全面整理者。本目錄爲首次對孫氏著作進行有系統整理，並附錄後人研究情形。

二、本目錄分編例、上編、中編、下編三部分。上編收錄孫氏著作，分專書、論文、編輯三部分；中編收錄當代所記孫氏相關資料；下編收錄後人研究孫氏的研究成果。

三、專著著錄書名、版本、出版年月，論文則著錄篇名、刊名、卷期、頁碼、出版年月等資料。因民國期刊常有各篇論文頁碼重起，且未標明總頁數的情形，故凡頁碼重起之各篇論文，均加注單元。

四、本目錄因時空因素，凡卷期、頁碼、出版年月，未能知見者，標示「*」以存闕，待日後增補。

五、孫氏著作出處未詳者，均註明相關情形。

六、本目錄雖已盡力蒐集，然限於筆者學識，必有搰漏，望海內外博雅君子，不吝賜教。

上編　孫德謙著作目錄

一、專書

（一）全　集

1、孫隘堪所著書四種

　　民國間元和孫德謙四益宧刊本　5 冊

　　　第 1～2 冊　太史公書義法　2 卷　民國 14 年（1925）刻

　　　第 3 冊　劉向校讎纂微　1 卷　民國 12 年（1923）刻

　　　第 4 冊　漢書藝文志舉例　1 卷　民國 7 年（1918）刻

　　　第 5 冊　六朝麗指　1 卷　民國 12 年（1923）刻

（二）文獻學

通　論

1、古今僞書辨惑

　　稿本　未成書

2、四庫提要校訂

　　稿本　未成書　部分刊於期刊

校讎目錄

1、漢書藝文志舉例　1 卷

　　民國間鈔本　1 冊

　　民國六年（1917）四益宧刊本　1 冊

　　孫隘堪所著書　冊 4　民國六年孫德謙四益宧刊本　1 冊

　　二十五史補編　冊 2　頁 1697～1711　臺北市　臺灣開明書店　1959 年臺 1 版　據四益宧刊本排印

　　二十五史補編　冊 2　頁 1697～1711　臺北市　臺灣開明書店　1967 年臺 2 版　據四益宧刊本排印

　　二十五史補編　冊 2　頁 1697～1711　北京市　中華書局　據開明書店本景印　出版年不詳

　　覆四益宧刊本　年代不詳　現藏東京大學東洋文化研究所

2、漢書藝文略　1 卷

稿本　部分刊於學海　1卷3期　頁45～51　1944年9月15日

3、金史藝文略

稿本　未刊

二十四史訂補　冊14　頁269～292　北京市　書目文獻出版社　1996年
據稿本景印

上海圖書館未刊古籍稿本　冊15　頁*～*　上海市　復旦大學出版社
2008年　據稿本景印

4、補南北史藝文志

稿本　未刊

5、浙江通志補經籍志

民國間　吳興劉承幹嘉業堂刊本

6、古書錄輯存

稿本　未刊　部分刊於期刊

劉向別錄　1卷、劉歆七略　1卷、荀勗中經　1卷、文章敘錄　1卷、
王儉四部書目　1卷、七志　1卷、王朝目錄　1卷、阮孝緒七錄　1卷、
摯虞文章志　1卷、傅亮續文章志　1卷、宋明帝文章志　1卷、邱淵之
文章錄　1卷、顧愷之晉文章紀　1卷。

7、劉向校讎（讐）學纂微　1卷

民國十二年（1923）　元和孫德謙四益宧刊本　1冊

民國十二年（1923）　元和孫德謙四益宧刊本　2冊

孫隘堪所著書　冊3　民國十二年（1923）　元和孫德謙四益宧刊本

民國間　南京高等師範學校刊本

文粹閣叢書　臺北市　文粹閣　1971年

校讎學系編　頁21～48　臺北市　鼎文書局　中國學術類編　1977年

傳記譜牒

1、金遺民錄

稿本　未刊

2、金稷山段氏二妙年譜　2卷

民國四年（1915）　南林劉承幹氏求恕齋刊本

求恕齋叢書　冊3　民國八年（1919）　南林劉承幹氏求恕齋刊本

求恕齋叢書　冊35　上海市　上海古籍書店　1963年　據求恕齋刊本景

印

叢書集成續編　七　求恕齋叢書　第 6 函　2 冊　臺北市　藝文印書館 1970 年　據求恕齋刊本景印

北京市　文物出版社　1984 年　據求恕齋刊本景印

北京市　文物出版社　1987 年　據求恕齋刊本景印

叢書集成續編　史地類　第 256 冊　頁 525～566　臺北市　新文豐出版公司　1989 年　臺 1 版　據求恕齋叢書本排印

3、段菊軒先生年譜　1 卷

太原　山西書局　6 冊　民國二十五年（1936）鉛印本

4、段邃庵先生年譜　1 卷

太原　山西書局　6 冊　民國二十五年（1936）鉛印本

5、段遁庵先生年譜　1 卷

太原　山西書局　1 冊　民國間　鉛印本

6、稷山段氏二妙年譜　2 卷

臺北市　藝文印書館　1971 年　1 冊　據劉氏求恕齋刊本景印

7、元金稷山段氏二妙年譜

新編中國名人年譜集成　第 16 輯　152 面　臺北市　台灣商務印書館 1981 年

8、段氏二妙年譜　2 卷

求恕齋叢書　年譜五種　1 冊　北京市　文物出版社　1984 年　據劉氏求恕齋刊本景印

9、菊軒先生年譜

北京圖書館藏珍本年譜叢刊　第 35 冊　頁 487～556　北京市　北京圖書館出版社 1998 年　據民國間刊本景印

遼金元名人年譜　第 2 冊　頁 347～416　北京市　北京圖書館出版社 2005 年　據民國間刊本景印

10、遁庵先生年譜

北京圖書館藏珍本年譜叢刊　第 35 冊　頁 405～486　北京市　北京圖書館出版社　1998 年　據民國間刊本景印

遼金元名人年譜　第 2 冊　頁 265～346　北京市　北京圖書館出版社 2005 年　據民國間刊本景印

11、吳彥高年譜
　　稿本　亡佚
12、靖節年譜
　　稿本　未成書
13、章實齋年譜
　　稿本　未成書

（三）經　學

1、群經義綱
　　稿本　未成書
2、春秋通誼
　　稿本　未成書

（四）史　學

1、太史公書義法　2卷
　　民國十四年（1925）四益宧刊本　2冊
　　孫隘堪所著書　第1～2冊　民國十四年（1925）四益宧刊本
　　四史知意并附編　頁389～461　臺北市　鼎文書局　中國學術類編
　　1976年　據民國間刊本景印
2、太史公書義法　2卷　序1卷　目錄1卷
　　臺北市　世界書局　73頁　1989年　五版
　　文史通義等三種　臺北市　世界書局　1962年

（五）子　學

1、諸子通考　3卷
　　清宣統二年（1910）　江蘇存古學堂排印四益宧叢書本　3冊
　　清宣統二年（1910）　景印江蘇存古學堂排印本　現藏東京大學東洋文
　　化研究所
　　中國哲學思想要籍叢編　第6冊　325頁　臺北市　廣文書局　1975年
　　初版　據清宣統二年存古學堂排印本景印
2、諸子要略
　　稿本　未刊　部分刊於期刊
3、孫卿子通誼

稿本　未刊

4、呂氏春秋通誼

稿本　未刊

5、諸子發徵

稿本　未成書

6、墨子通誼

稿本　未成書

7、列子通誼

稿本　未成書

8、賈子新書通誼

稿本　未成書

（五）文　學

1、六朝麗指　1卷

孫隘堪所著書　第5冊　民國間元和孫德謙氏四益宦刊本　1冊

孫隘堪所著書　民國十二年（1923）元和孫德謙氏四益宦刊本

民國十二年（1923）元和孫德謙四益宦刊本　1冊　黃紙本

民國十二年（1923）元和孫德謙四益宦刊本　2冊

歷代文話　第9冊　上海市　復旦大學出版社　2007年11月

2、四益宦駢文稿　2卷

稿本　未刊

民國二十五年（1936）雲間吳丕續雙梧館鉛印本　1冊

上海　瑞華印務局　1936年　1冊

3、文選學通誼

稿本　未刊

4、中國文學通志

稿本　未成書

（六）小　學

1、小學鉤沉補編

稿本　未成書

2、小學鉤沉續編

稿本　未成書

（七）讀書方法

1、古書讀法略例　6 卷

上海市　商務印書館　372 面　1936 年

臺北市　臺灣商務印書館　2 冊　1975 年

上海市　上海書店出版社　1983 年

桂林市　廣西師範大學出版社　2006 年

二、論　文

（一）通　論

1、中國學術要略

亞洲學術研究會雜誌　1 期　論說一　頁 1～6　1921 年 8 月

學衡　11 期　述學　頁 1～6　1922 年 11 月

2、中國文學通志

（1）大夏　1 卷 1 期　頁 2～9　1934 年 4 月

（2）大夏　1 卷 2 期　頁 1～10　1934 年 5 月

（3）大夏　1 卷 6 期　頁 1～5　1934 年 11 月

（4）大夏　1 卷 7 期　頁 1～5　1934 年 12 月

3、四庫提要校訂

亞洲學術研究會雜誌　4 期　專著二　頁 1～8　1922 年 8 月

4、評今之治國學者

學衡　23 期　通論　頁 1～4　1923 年 11 月

（二）文獻學

1、古書錄輯存

學海　1 卷 6 期　頁 44～48　1944 年 12 月

錢業月報　1 卷 12 期　頁*　1944 年*月

2、中國四部書闡原

亞洲學術研究會雜誌　2 期　論說一　頁 1～8　1921 年 11 月

3、秦記圖籍考

學衡　30 期　述學　頁 1～13　1924 年 6 月

4、漢志藝文略

　　學海　1 卷 3 期　頁 45～51　1944 年 9 月 15 日

（三）經　學

1、六經爲萬世治法其實行自漢始論

　　亞洲學術研究會雜誌　3 期　論說一　頁 1～8　1922 年 3 月

2、申章實齋六經皆史說

　　學衡　24 期　述學　頁 1～5　1923 年 12 月

3、論讀經之必要

　　孔教會雜誌　1 卷 12 號　論說　頁 61～63　1914 年 1 月

4、易爲商周之史說

　　孔教會雜誌　1 卷 1 號　學說　頁 1～7　1913 年 2 月

　　學海　1 卷 4 期　頁 1～5　1944 年 10 月

　　錢業月報　1 卷 10 期　頁*～*　1944 年*月

5、說文繫傳擬易傳作說

　　東洋文化（東洋文化學會）　43 號　頁 198～111　1927 年 12 月

6、左傳漢初出張蒼家說

　　學衡　30 期　文苑文錄　頁 1～3　1924 年 6 月

（四）史　學

1、史權論

　　亞洲學術研究會雜誌　1 期　論說三　頁 1～4　1921 年 8 月

2、辨史記體例

　　東方雜誌　21 卷 19 號　頁 87～101　1924 年 10 月

3、書〈唐以前法律思想底發展〉後

　　法學季刊　2 卷 5 期　頁 203～221　1925 年 6 月

（五）子　學

1、諸子要略

　　（1）家數　孔教會雜誌　1 卷 2 號　學說　頁 21～24　1913 年 3 月

　　　　　　　亞洲學術研究會雜誌　1 期　專著二　頁 1～4　1921 年 8 月

　　（2）宗旨　孔教會雜誌　1 卷 3 號　學說　頁 25～28　1913 年 4 月

　　　　　　　亞洲學術研究會雜誌　2 期　專著二　頁 1～4　1921 年 11

月

（3）衷聖　孔教會雜誌　1卷5號　學說　頁1～4　1913年6月

（4）參史　孔教會雜誌　1卷5號　學說　頁4～7　1913年6月

2、孔子再傳弟子考

孔教會雜誌　1卷3號　歷史　頁1～6　1913年4月

3、孔子再傳弟子續考

孔教會雜誌　1卷6號　歷史　頁1～5　1913年7月

4、孔子三傳弟子考

孔教會雜誌　1卷7號　歷史　頁7～8　1913年8月

5、孔子四傳弟子考

孔教會雜誌　1卷8號　歷史　頁1～4　1913年9月

6、孔子五傳弟子考

孔教會雜誌　1卷12號　論說　頁1～2　1914年1月

7、存倫篇補義

亞洲學術研究會雜誌　3期　論說二　頁1～18　1922年3月

8、荀子通誼（遺著）

（1）學海　1卷1期　頁47～55　1944年7月

（2）學海　1卷2期　頁52～61　1944年8月

（3）學海　1卷5期　頁57～60　1944年11月

（4）學海　2卷2期　頁30～37　1945年2月

錢業月報　1卷11期　頁*～*　1944年*月

9、釋墨經說辯義

學衡　25期　述學　頁1～10　1924年1月

10、答福田問墨學

學衡　39期　述學　頁1～4　1925年3月

11、再答福田問墨學（論儒墨之異同）

學衡　39期　述學　頁1～6　1925年3月

（六）文　學

1、論六朝駢文

學衡　26期　文苑文錄　頁1～2　1924年2月

（七）傳記譜牒學

1、櫻山段氏二妙合譜

    （1）中國學報彙編　3 卷 7 期　譜錄　頁 1～48　*年*月

    （2）中國學報彙編　3 卷 8 期　譜錄　頁 1～42　*年*月

2、段邃庵先生年譜

    （1）孔教會雜誌　1 卷 2 號　傳記　頁 3～4　1913 年 3 月

    （2）孔教會雜誌　1 卷 3 號　傳記　頁 5～8　1913 年 4 月

    （3）孔教會雜誌　1 卷 5 號　傳記　頁 9～12　1913 年 6 月

    （4）孔教會雜誌　1 卷 7 號　傳記　頁 11～18　1913 年 8 月

    中國學報彙編　3 卷 7 期　譜錄　頁 11～48　*年*月

3、段菊軒先生年譜

    中國學報彙編　3 卷 8 期　譜錄　頁 1～42　*年*月

4、闡陶

    孔教會雜誌　1 卷 3 號　學說　頁 9～16　1913 年 4 月

5、巢貞女傳論

    亞洲學術研究會雜誌　4 期　文苑　頁 13～14　1922 年 8 月

6、名畫家馬孟容墓銘

    民國人物碑傳集　卷九　頁 599～601　北京　團結出版社　1995 年 2 月

（八）序　跋

通　論

1、《國學必讀簡要目錄》序

    大夏　1 卷 10 期　頁 117～118　1935 年 3 月 15 日

2、《嶺海焚錄》跋

    國學叢刊　1 卷 3 期　書平　頁 109　1923 年 9 月

    叢書集成續編　58 冊　頁 88　臺北市市　新文豐出版公司　1991 年

3、《章氏遺書》序

    章氏遺書　孫德謙序　頁 1～4a　吳興劉氏嘉業堂刊本

    章氏遺書　孫德謙序　頁 1～4a　臺北市　漢聲出版社　1973 年 1 月

    景印吳興劉氏嘉業堂刊本

    章氏遺書　頁 1　吳興劉氏嘉業堂刊本　北京市　文物出版社　1985 年

經　學

1、《春秋通義》自序

　　錄自吳丕績　孫隘堪年譜初稿

史　學

1、《史微》序

　　史微　各版本

子　學

1、《諸子通考》序

　　亞洲學術研究會雜誌　1期　論說四　頁1～2　1921年8月

2、《諸子學派要詮》序

　　諸子學派要詮　頁1～2　上海　中華書局　1936年*月

　　諸子學派要詮　頁1～2　上海　上海書店、中華書局　1987年12月

3、《孔子生卒年月考》書後

　　孔教會雜誌　1卷8號　文苑　頁2～4　1913年9月

文　學

1、《澹然齋詩集》序

　　大夏　1卷4號　頁201～203　1934年9月

2、《吳梅「無價寶雜劇」》敘

　　學衡　32期　文苑　頁1～2　1924年8月

3、《吳郡駢體文徵》序

　　亞洲學術研究會雜誌　2期　文苑　頁9～11　1921年11月

4、《六朝麗指》序

　　學衡　23期　文苑文錄　頁1～2　1923年11月

5、《駢體文林》序

　　學衡　25期　文苑文錄　頁1～2　1924年1月

6、《樊諫議集》書後

　　學衡　27期　文苑文錄　頁1～2　1924年3月

7、《金菽香陶廬後憶》序

　　文藝雜誌　12期　文錄　1915年

8、《待焚文稿》序

待焚文稿

傳記譜牒學

1、《稷山段氏二妙合譜》序

　　孔教會雜誌　1卷2號　傳記　頁1～2　1913年3月

2、《稷山段氏二妙年譜》敘

　　中國學報彙編　3卷7期　譜錄　頁7～10　*年*月

3、《稷山段氏三妙合譜》敘

　　文藝雜誌　9期　文錄　頁*～*　*年*月

4、《張古余先生年譜》序

　　宗盛學報　3卷3冊（總26號）　藝林　頁*～*　*年*月

　其　他

1、《馬公愚印譜》序

　　大夏　1卷2期　文苑　頁137～138　1934年5月

2、修梅清課序（庚申）

　　學術世界　1卷11期　文苑　頁107　1936年5月

3、南窗寄傲圖記（辛亥）

　　學術世界　1卷11期　文苑　頁107～108　1936年5月

4、跋陳柱尊所藏沈子培先生與長康素手札

　　學術世界　1卷8期　文苑　頁94～95　1936年1月

（九）書　信

1、孫益葊先生來書

　　孔教會雜誌　1卷2號　通信　頁2～3　1913年3月

2、孫益庵論學三書

　　國學叢刊　1卷3期　通訊　頁153～156　1923年9月

3、孫益菴來書

　　國學叢刊　1卷4期　通訊　頁107～108　1923年12月

4、孫益庵第三書

　　國學叢刊　1卷4期　通訊　頁110～113　1923年12月

5、復王方伯論駢體書

　　亞洲學術研究會雜誌　1期　文苑　頁8～10　1921年8月

6、復李審言論駢文書

　　亞洲學術研究會雜誌　4 期　文苑　頁 19～20　1922 年 8 月

（十）讀書方法

1、國學研究法

　　（1）大夏周報　29 期　頁　*～*　1934 年*月

　　（2）大夏周報　30 期　頁　*～*　1934 年*月

2、勸同學諸君作札記說

　　書林　1 卷 4 期　頁 18～21　1937 年 4 月

（十一）雜　文

1、紀夢詩（壬子春於夢見聖人竊自欣異爰紀以詩）

　　孔教會雜誌　1 卷 4 號　文苑　頁 3～4　1913 年 5 月

2、大成節在上海文廟恭行慶祝啓

　　孔教會雜誌　1 卷 8 號　啓事頁　1913 年 9 月

3、大夏大學全體公祭王太夫人文

　　大夏周報　11 卷 10 期　頁 242　1934 年 11 月

4、牖逸篇

　　孔教會雜誌　1 卷 4 號　論說　頁 43～48　1913 年 5 月

5、辨難篇

　　孔教會雜誌　1 卷 10 號　論說　頁 13～24　1913 年 11 月

6、孔子封王辨

　　孔教會雜誌　1 卷 2 號　論說　頁 33～39　1913 年 3 月

7、孔子受命立教論

　　孔教會雜誌　1 卷 3 號　論說　頁 1～7　1913 年 4 月

8、儒家道術於時屬夏故其教重學而明禮說

　　亞洲學術研究會雜誌　4 期　論說一　頁 1～5　1922 年 8 月

9、尊聖教以端治本議

　　孔教會雜誌　1 卷 9 號　論說　頁 17～22　1913 年 10 月

10、孔教功在文治論

　　孔教會雜誌　1 卷 6 號　論說　頁 1～5　1913 年 7 月

11、孔教大一統論　　（元和孫德謙益菴）

孔教會雜誌　1 卷 1 號　論說　頁 1～4　1913 年 2 月

宗盛滙志　1 卷 1 號　通論　1913 年 5 月

12、祀天以孔子配議

孔教會雜誌　1 卷 5 號　文苑　頁 1～5　1913 年 6 月

13、祀孔無害於他教說

孔教會雜誌　1 卷 6 號　論說　頁 1～7　1913 年 8 月

14、尊孔祀典無待集議說

孔教會雜誌　1 卷 11 號　論說　頁 13～18　1913 年 12 月

15、病起自壽

宗盛學報　3 卷 1 號（總 23、24 期合刊）　藝林　1920 年 12 月

三、編　輯

1、金源七家文集補遺　孫德謙輯

抄本　1　冊　現藏中國國家圖書館

灤水集補遺　1 卷　（金）趙秉文、滹南遺老集補遺　1 卷　（金）王若虛撰、莊靖集補遺　1 卷　（金）李俊民撰、二妙集補遺　1 卷　（金）段克己、段成己撰、明秀集補遺　1 卷　（金）蔡松年撰、天籟集補遺　1 卷　（元）白樸撰、善夫先生集　（金）杜仁傑撰

2、鶩音集　二卷　孫德謙輯

民國七年（1918）元和孫德謙四益宧鉛印本　1 冊

收（清）朱孝臧撰彊邨樂府　1 卷；（清）況周頤撰蕙風琴趣　1 卷。

3、全金詞

（出處待考）

中編　當代記錄

一、生　平

1、大夏周報——追悼孫德謙先生專號

大夏周報　12 卷 9 期　頁 177～188　1935 年 12 月

孫德謙先生誄詞　王伯羣

　　隘堪居士自輓聯　孫德謙

　　祭孫隘堪教授文　王蘧常

　　祭孫益庵先生文　陳柱

　　孫隘堪先生哀辭　王蘧常

　　輓聯數則　孫科等

　　哭孫隘堪詩二首　王榮曾

　　輓孫德謙先生　蕭莫寒

　　記孫益安先生　陳柱

　　悼孫德謙先生　顧名

　　元和孫先生行狀　王蘧常

　　孫隘堪先生年譜大綱　吳丕績

　　孫德謙先生追悼會開會秩序

2、孫隘堪年譜初稿　吳丕績

　　（1）學海　1卷1期　頁86～94　1944年7月

　　（2）學海　1卷6期　頁92～96　1944年12月

　　（3）學海　2卷2期　頁54～56　1945年2月

3、元和孫先生行狀　王蘧常

　　大夏周報　12卷9期　頁184～187　1935年12月

　　學術世界　1卷8期　頁116～119　1936年1月

　　四益宧駢文稿　民國二十五年（1936）雲間吳丕績雙梧館鉛印本

　　民國人物碑傳集　卷九　頁630～635　成都　四川人民出版社　1997年

4、本社撰述人撰略：孫德謙

　　學術世界　2卷1期　頁131～132　*年*月

二、論　學

1、張爾田　益葊自述疇昔之夜夢見聖人感贈以詩（聞此詩成於辛亥十月云）

　　孔教會雜誌　1卷1期　文苑　頁3　1913年2月

　　宗聖匯志　1卷1　號　詩歌　1913年5月

2、答孫益庵書　李詳

　　亞洲學術研究會雜誌　4期　文苑　頁19　1922年8月

3、陳斠玄答孫益庵書　陳鐘凡

國學叢刊　1 卷 3 期　通訊　頁 156～158　*年*月

4、陳斠玄覆孫益菴書　陳鐘凡

國學叢刊　1 卷 4 期　通訊　頁 108～110　*年*月

5、陳斠玄再覆書　陳鐘凡

國學叢刊　1 卷 4 期　通訊　頁 113～118　*年*月

三、序　跋

5、漢書藝文志舉例序　沈曾植

《漢書藝文志舉例》

6、漢書藝文志舉例序　張爾田

亞洲學術雜誌　2 期　1921 年 11 月

《漢書藝文志舉例》

7、漢書藝文志舉例序　曹元忠

《漢書藝文志舉例》

8、稷山段氏二妙年譜敍　胡玉縉

中國學報彙編　3 卷 7 期　譜錄　頁 1～4　*年*月

稷山段氏二妙年譜

9、稷山段氏二妙年譜敍　張爾田

中國學報彙編　3 卷 7 期　譜錄　頁 4～6　*年*月

稷山段氏二妙年譜

10、稷山段氏二妙年譜敍　葉昌熾

中國學報彙編　3 卷 7 期　譜錄　頁 6～7　*年*月

稷山段氏二妙年譜

四、評　論

1、漢書藝文志舉例　李笠（雁晴）

國立武漢大學文哲季刊　1 卷 1 期　頁 225～235　1930 年 4 月

五、報　導

1、孫德謙教授逝世

學術世界　1 卷 8 期　頁 123　1936 年 1 月

2、孫德謙教授追悼會

大夏周報　12 卷 7 期　頁 153　1935 年 11 月

3、孫德謙先生追悼會啓事

大夏周報　12 卷 7 期　頁 156　1935 年 11 月

4、孫德謙先生追悼會通告

大夏周報　12 卷 8 期　頁 158　1935 年 12 月

5、第 100 次教務委員會會議消息

大夏周報　12 卷 8 期　頁 168　1935 年 12 月

6、圖書館收購孫德謙教授藏書國學珍本千餘冊

大夏周報　12 卷 8 期　頁 168　1935 年 12 月

7、二十七日員生多人公祭孫德謙教授

大夏周報　12 卷 8 期　頁 168　1935 年 12 月

8、追悼孫德謙定於本月十五日在大廈大學舉行

中央日報　1935 年 12 月 9 日　8 版

9、本校已故教授孫的謙先生遺書已到校──計一八四七冊

大夏周報　12 卷 13 期　頁 301　1936 年

10、孫德謙先生追悼會盛況

大夏周報　12 卷 10 期　頁 224～225　1936 年 1 月

六、札　記

1、論學書五首

學術世界　1 卷 8 期　頁 90～93　1936 年 1 月

與陳柱尊教授悼孫益荈教授書　張爾田

又一首　張爾田

又一首　張爾田

與馬公愚教授論刊孫益庵教授文集書　陳柱

2、與陳柱尊教授論孫益安行狀書　張爾田

學術世界　1 卷 9 期　論學書四首　頁 85　1936 年 3 月

3、吳宓日記──訪孫德謙記事　吳宓

吳宓日記　1923 年 9 月 1 日、3 日　頁 248～250　北京　生活・讀書・

新知　三聯書店　1998 年 3 月

4、王國維先生書孫益葊《〈漢書藝文志〉舉例後序》手稿跋　謝國禎遺著
（出處待查）

下編　後人研究

一、生　平

1、孫德謙　楊家駱

民國名人圖鑑總目　頁 6～29~6～31　上海　辭典館　1937 年

2、孫德謙（1873～1935）　劉紹唐

傳記文學　33 卷 2 期　頁 139～145　1978 年 8 月

二、論　文

（一）通　論

1、孫德謙　錢基博

現代中國文學史　上編　古文學　頁 115～126　香港　龍門書店　1965
年

（二）文獻學

1、論孫德謙的目錄學思想　柯平

武漢大學學報（哲學社會科學版）3 期　頁 122～128　1986 年 5 月

2、論孫德謙的目錄學思想　許廣奎

圖書館學研究　2000 年 6 期（總 125 期）　頁 88～90　2000 年 12 月

3、孫德謙的《漢志》研究　傅榮賢

《漢書・藝文志》研究源流考　頁 379～387　合肥　黃山書社　2007 年
1 月

4、章學誠文史校讎學對後世的影響——以張爾田、孫德謙為例

國立僑生大學先修班學報　6 期　頁 377～395

（三）史　學

1、《太史公書義法・衷聖》譯解　李寅浩（이인호，In～Ho Lee）

中國語文論譯叢刊　19 輯　頁 311～332　2007 年 1 月　　（韓文）

2、〈太史公書義法研究〉　李寅浩（이인호，In～Ho Lee）

中語中文學　21 輯　頁*～*　1997 年　　（韓文）

（三）文　學

1、孫德謙與《六朝麗指》　余崇生

國文天地　12 卷 8 期（總 140 期）　頁 40～44　1997 年 1 月

（四）讀書方法

1、孫德謙先生論讀書　馮永敏

孔孟月刊　27 卷 6 期（總 318 期）　頁 35～39　1989 年 2 月

（六）序　跋

1、古書讀法略例序　吳格

古書讀法略例　頁 1～2　桂林市　廣西師範大學出版社　2006 年

2、古書讀法略例序　黃曙輝

古書讀法略例　頁 1～2　桂林市　廣西師範大學出版社　2006 年

三、學位論文

1、孫德謙駢文理論研究　王益鈞　香港　香港中文大學哲學碩士論文　2006 年 12 月

2、《六朝麗指》駢文理論研究　丁姍姍　南昌　江西師範大學文學院碩士論文　2007 年 4 月

附錄二　章氏遺書校記王氏校語與孫氏異語一覽表

出　處				王秉恩校語	孫德謙校釋異語
文史通義	內篇一	經解中	著錄之收	「收」浙刻本、黔刻本、粵雅堂本均作「指」	孫隘堪謂：鈔本作「收」者。言《茶經》、《棋經》諸書，此實文人遊戲，著錄家本不當收也，故從之。若作「指」字，則著錄之「錄」當改爲「作」字，或「述」字矣。
	內篇二	博約下	古學失所師承	「古」各本皆作「故」	孫隘堪謂：以「古」爲是。所謂「古學」者，即下「六書九數」也，蓋言「書數」古學。後人失所師承，故下文「古人幼學，皆已明習，尤不能盡合於古。」即承此句而言。似鈔本作「古」，於義爲長。
	內篇四	知難	今同業者	各本「同業」皆作「同走」。按上文「東走」雖同，則此不當忽言「同業」，似以「同走」爲善	孫隘堪謂：此自「莊子曰」以下，蓋嘆同道之人，相知亦復難得。所引「惠子」、「奔者」云云，乃是喻義。鈔本作「同業」，正是揭明正義耳。
	內篇四	答客問中	攻索	「攻索」似應作「攷索」。下文屢言「攷索」可證。	孫隘堪謂：此「備數家攻索」句，上言「有攷索之功」，故後多同。若此處之。「攻索」，攻有治義，作「攻」亦通。
	內篇五	史德	文非情不得	「得」各本作「深」	孫隘堪謂：鈔本作「得」，亦猶〈詩序〉之發乎情也，言文須得乎情耳。若作「深」字，則上文「文非氣不立」，「立」亦當易爲「壯」矣。

內篇五	史德	附會有過	「有過」各本作「之過」。蓋言後人附會之失耳。	孫隘堪謂：上言「不甚」，則此宜以「有過」爲是。其意謂：屈原之〈離騷〉本不甚怨君，自出後人之附會。一若屈原極是怨君者，實則乃附會太過也。
內篇五	史注	敘例之作	「敘例」各本作「自敘」。	孫隘堪謂：《史記》卻無凡例，然僅言〈自敘〉，則通篇有〈敘論〉者，於義不能該。鈔本既作〈敘例〉，故仍之。下云：「自注權輿，又皆百三十篇之宗旨。」當非專指〈自敘〉言也。
內篇五	史注	及攷信六藝	「及」各本作「乃」。	孫隘堪謂：此以「及」爲正。上言「不離古文」則是〈五帝本紀贊〉要之不離乎古文，是也。「尤攷信於六藝」〈伯夷列傳〉中語，因係兩處之文，故加一「及」字，以聯綴之。作「乃」則不合。
外篇二	韓柳二先生年譜書後	殆非其質矣	「質」國學本作「實」。	孫隘堪謂：「質」即作「實」字解。「非其質」即言「失實」也。但如言「非其實」也不辭。
外篇二	說文字原課本書後	不可撩者	「撩」疑是「憭」字	孫隘堪謂：《說文》：「撩，理也。」作「撩」不誤。
外篇二	駁孫何碑解	來被音律	按：「來」字可疑。	孫隘堪謂：此處辨正文體，蓋言樂府本漢之官名，後人以名歌辭。乃是即用官名來被於音律之詩耳。
外篇二	駁張符驤論文	歌稱爲陳成子	歌稱，「歌」字疑	孫隘堪謂：「歌」即「嫗乎采芑」之歌。
方志略例	一	記與戴東原論修志	乃有名僧	有「字」各本作「首」。	孫隘堪謂：戴修《汾州志》未見，然凡「志書」人物類，當決不以「名僧」列首。鈔本作「有」可見諸本之誤。
	一	《大名縣志》序	諸傳說	「說」國學本作「記」。案《汝南先賢》三書，雖皆爲「傳」，然《襄陽耆舊》則有稱爲「記」者。「傳說」作「傳記」極是。	孫隘堪謂：「記」字確當不易。惟因此攷《先賢》諸書，其上云：「漢人所爲」，「漢」當「後」字之誤。《隋書》〈經籍志〉：「《汝南先賢》乃魏周斐撰、《襄陽耆舊》是晉習鑿齒撰。」雖不載《關東風俗》，然據《北史》〈宋隱傳〉：「從孫孝王爲《關東風俗傳》成三十卷。」則此數書者，均不出於漢人。知言「漢人」者誤也。

文集	一一	副都御史裴公家傳	可仔倚如君者	「仔」國學本無此字。	孫隘堪謂：以文氣論，似當作「仔倚」，不可省。《詩》：「佛時仔肩」【傳】：「仔，任也。」蓋亦言「倚任」也。
	三	朱先生別傳	似□知者	「□」國學本作「無」，似可從。	孫隘堪謂：上句「跟蹌伺之不能害」，以此鳥有知，故不能加害也。作「無」未是。
	三	朱先生別傳	暾照影	「暾」國學本作「畽」	孫隘堪謂：「暾」字不誤。上言「七日乃去」，而下又云「且信宿兮」暾者，日始出。則此處蓋言自朝至暮，越宿方去，賦意當如此，似作暾為是。
	三	邵與桐家傳	君輒據	「輒據」《南江札記》附此傳，作「出據」。國學本作「輒舉」	孫隘堪謂：國學「舉」字，非也。此言實據某事，非泛舉之。謂《文集》〈五景列婦傳〉即從邵氏所據事為之。《乙卯箚記》邵二雲嘗口授余「景烈婦事略」是也。
	六	借園修禊集序	哀樂奇至	按「奇至」之「奇」，疑為「并」字。	孫隘堪謂：「奇至」當即「極至」之意。下故云：「殆有性命於其中」，蓋言一時哀樂出於至情也。
	七	記游湯山	縱檜	「縱檜」似當作「樅檜」	孫隘堪謂：疑「縱橫」之誤。
湖北通志	檢存稿二	黃安盧氏傳	李瑋	按「瑋」字，疑字。書無此字。	孫隘堪謂：或王畢之誤。
	未成稿	小京官	得及時效力	「得」、「及」二字王本作「官」	孫隘堪謂：上文云：「既用之官」，此句上「將用之」，下當脫「官」字。其文則為「將用之官」與「既用之官」對文。「得及時效力矣」自為句，若王本以「得」、「及」作一「官」字，亦非也。
	未成稿	道府等官	大吏富其言	「富」王本作「實」	孫隘堪謂：「富」字不誤。「《論語》富哉言乎？」此處因言礦事，故云：「富其言」。
	未成稿	州縣吏才	授大足教諭	「大足」王本作「大冶」	孫隘堪謂：「大足」亦縣名，屬四川重慶府，攷明時教官，雖不拘本省，作大冶較近。
	未成稿	貞女	孝謹天至	「天至」未解	孫隘堪謂：此「天至」二字，蓋言其孝謹之心出於至性而已。《宋書·范泰傳》：「孝慈天至」可證。

信摭		紀事有支涉者	「支涉」疑「交涉」	孫隘堪謂：「支涉」似當作「牽涉」解。
閱書隨箚		時多爲怨	「怨」當「然」之誤	孫隘堪謂：此下有「部使者，檄君行視」及「就如議者」等語，當是議者爲時所怨，故使之。「行視」作「怨」亦得。
閱書隨箚		淯熙至六十八	「淯熙」上應加「盤洲」二字。如鈔本則不知爲何人卒年矣。	孫隘堪謂：如此等處，實齋隨筆記錄，在當時取彼之《盤洲集》以爲此。自然是盤洲卒年。故無待標明，然後人讀之，不見原書，則疑起矣。大抵此閱書隨箚本不足爲著述，凡不經見之書，爲今未校出者，願學者得其大略可也。
永清縣志	七	前志列傳	肆逮竹書	「肆逮」疑是「津逮」	孫隘堪謂：上句殘焰荒煙，此「肆逮」二字即承上而言。蓋言肆虐逮及於竹書蠹簡也。
和州志	二	藝文	斷斷如也	斷斷當作斷斷	孫隘堪謂：《史記》〈魯周公世家贊〉：「洙泗之間，斷斷如也。」《集解》：「斷斷，爭辭，則作斷斷亦可。」且《索隱》云：「又作斷斷如」《尚書》：「讀則斷斷」是專一之義，可知斷斷兩字連用，古有如此者。

附錄三　書　影

書影一　孫德謙先生遺像

錄自:《大夏周報》12 卷 9 期（1935 年 12 月），頁 2。

書影二　孫德謙手跡

錄自西本省三：《大儒沈子培》（上海市：春申社，1928 年 8 月）孫德謙序，圖
版，頁 4～5。

書影三　孫德謙著作書影（一）

四益宦刊

劉向校讎學纂微

癸亥八月

孝感

纂微之作孫君益菴所以表纂劉向氏一家之學也自
來為校讎者尠矣莫高劉向氏顧向之所以為學則
多未之知殺青斯竟爰命撮其總要以為讀者告曰
哉校讎之為學也非其人博通古今道術而又審辨乎
源流失得則於一書旨意必不能索其奧而詔方來
漢成世既命謁者陳農求遺書向獨為之檢校區分類
例今觀所傳敘錄提要鉤元往往一二語即洞明流變
有不待詳說而犖然者故孟堅譔史至以辯章舊聞推
為司籍之功所謂辯章舊聞者蓋不徒鰓於寫官
異同與夫官私著錄之攷訂而已若但取古今藏本

正文字斯乃始事之所為向不如是也隋書經籍志籍
錄篇云古者史官既司典籍蓋有目錄以為綱紀漢時
劉向別錄劉歆七略剖析條流各有其部推尋事迹
則古之制知校讎者目錄之學也目錄之學其重在因
知一代之學術及一家一書之宗趣乃與史相緯不
為此學也亦非彊見洽聞疏通知遠之儒不為功乃世
之號稱目錄家者一再傳後寖失其方百宋千元標榜
炫異其善者為之亦不過如吾所謂剖析條流以為
同官私著錄之攷訂而止剖析條流以為綱紀固概乎
未之有聞方且以此仰推於向日吾之學乃向之學

《劉向校讎學纂微》（民國十二年四益宦刊本）

書影四　孫德謙著作書影（二）

四益宧刊

戊午五月吳郁生署

漢書藝文志舉例

序

前漢藝文志爲歷代史家志經籍目錄家次著錄者
祖繼世而起者王儉七志阮孝緒七錄魏徵隋經籍志
毋貺開元古今書錄皆述事之肯子百世不遷之大宗
也儉有條例九篇置於七志之首孝緒與儉與同史繼
其割析解義淺薄不經則於今存都錄之外自當別有
論說惜其亡佚不可致知魏氏約文緒義五十五篇
較準擬班書毋氏承之通變以周其用迄宋而鄭漁仲
銳志校讎專以臨書衡量諸家而時上推班氏關其
精意其言類例與學術相關之故昭晰通明鄭氏誠班

氏功臣哉　國朝章實齋氏益推鄭氏之旨而上之
藝文以見道原推史以言經而校讎之體益尊著錄
取乃愈不可以不慎近世圖籍益蕃公私書目省府縣
志藝文序錄益廣其事固有出於古人之外者固有出
乎古人之外不可以古義例之者亦有出於古人之外
而仍可以古義例之者舉一以反三範圍彌言而不
通乎古今之道而知舍班氏則何由爲孫子抑安今世
漁仲也平生好章氏之學積思造微既於諸子通義
之矣開涉諸家書目地志藝文之序例窒焉而求其
疑焉而求其解萃不齊者而求其齊參伍錯綜一

《漢書藝文志舉例》（民國六年四益宧刊本）

書影五　大夏周報　孫德謙紀念專號

大夏周報

中華郵政准特掛號立券認為新聞紙類

每期二分半年三角全年六角寄費在內

中華民國二十四年十二月十三日出版

上海大夏大學大夏週報社編行

大夏週報　第十二卷　第九期

第十二卷　第九期　目錄

追悼孫德謙先生專號　馬公愚敬題

孫德謙先生誄詞

維中華民國二十四年十一月十二日，本大學國學教授孫德謙先生疾終滬寓，越三旬，全校同人，開會追悼，並發行特刊，以誌哀思。羣與先生，共事七載，深佩其道德學術，世罕倫比，一而光風扇人，洪爐鑄物，嘉惠吾校，更鉅而深。值茲長逝，能無心傷，因泚筆而為之誄曰：嗚呼先生！國學泰斗，著作等身。裏乎天受，治子研經。曾稱抗手，斯文復與。大任獨負，乃因政奇。懷抱逆時，功名駕狗。富貴精廬，敬戲五穀。引振四維。邦人舊往，異國欽遲。來吾大夏。校譽

王伯羣

録自：《大夏周報》12卷9期（1935年12月），頁1。

參考文獻

一、古　籍

1. 《漢書》，〔漢〕班固撰，〔唐〕顏師古注，臺北市，鼎文圖書公司，1986年。

2. 《史通》，〔唐〕劉知幾，上海市，上海古籍出版社，1978年1月。

3. 《新校本隋書附索引》，〔唐〕魏徵等撰，楊家駱主編，臺北市，鼎文書局，1980年。

4. 《善本書室藏書志》，〔清〕丁丙，臺北市，廣文書局，1967年12月。

5. 《全漢文》，〔清〕嚴可均輯校，北京市，商務印書館，1999年。

6. 《書林清話》，〔清〕葉德輝，長沙市，岳麓書社，1999年4月。

二、孫德謙著作

1. 《漢書藝文志舉例》，四益宧刊本，民國六年。

2. 《劉向校讎學纂微》，四益宧刊本，民國十二年。

3. 《孫隘堪所著書》，四益宧刊本，民國十四年。

4. 《古書讀法略例》，桂林市，廣西師範大學出版社，2006年3月。

5. 《孫益庵論學三書》，國學叢刊，1卷3期，1923年9月，通訊，頁115～116。

6. 《評今之治國學者》，學衡，23期，1923年11月，通論，頁1。

7. 《申章實齋六經皆史說》，學衡，24期，1923年12月，述學，頁1。

8. 《跋陳柱尊所藏沈子培先生與康長素手札》，學術世界，1卷8期，1936年1月，文苑，頁94。

三、專　書

（一）圖書館編目規則

1. 國立中央圖書館中文圖書編目規則，國立中央圖書館編訂，臺北市，國立中央圖書館，1959 年 1 月。

（二）論文寫作方法

1. 《劉兆祐，治學方法，臺北市，三民書局，1999 年 9 月。

2. 《學術論文寫作指引，林慶彰，臺北市，萬卷樓圖書公司，2005 年 9 月。

（三）學術史

1. 《中國近三百年學術史》，梁啓超，臺北市，里仁書局，1995 年 2 月。

2. 《晚清民國的學人與學術》，桑兵，北京市，中華書局，2008 年 3 月。

3. 《近代中國與新世界》，康有爲變法與大同思想研究，蕭公權，南京市，江蘇人民出版社，1997 年 4 月。

4. 《民初孔教會與國教運動研究》，韓華，北京市，北京圖書館出版社，2007 年 12 月。

5. 《八十憶雙親、師友雜憶》，錢穆，臺北市，東大圖書公司，1986 年 10 月。

6. 《中國學術思想史論叢》，第 8 冊，錢穆，臺北市，東大圖書公司，2004 年 8 月。

（四）古籍整理與校讀法

1. 《中國古代史籍校讀法》，張舜徽，臺北市，里仁書局，1997 年 9 月。

2. 《古籍整理概論》，黃永年，西安市，陝西人民出版社，1985 年 7 月。

3. 《古書讀校法》，陳鐘凡，上海市，商務印書館，1923 年 11 月，臺北市，臺灣商務印書館，1965 年 8 月。

4. 《古書今讀法》，胡懷琛，臺北市，國文天地雜誌社，1990 年 4 月。

5. 《古書校讀法》，胡樸安，臺北市，西南書局，1979 年 10 月。

6. 《中國古代史籍校讀法》，張舜徽，臺北市，臺灣學生書局，1982 年。

7. 《古書讀校法》，吳孟復，合肥市，安徽教育出版社，1983 年 5 月。

8. 《中國古書校讀法》，宋子然，成都市，巴蜀書社，1995 年 6 月。

9. 《古書疑義舉例五種》，俞樾等，臺北市，泰順書局，1971 年。

10. 《廣古書疑義舉例》，徐仁甫，北京市，中華書局，1990 年 4 月。

（五）文獻學

1. 《中國文獻學新探》，洪湛侯，臺北市，臺灣學生書局，1992 年 9 月。
2. 《中國古典文獻學》，吳楓，臺北市，木鐸出版社 1983 年 9 月。
3. 《中國文獻學》，張舜徽，臺北市，五南出版社，1993 年 7 月。
4. 《文獻學講義》，王欣夫，上海市，上海古籍出版社，2005 年 4 月。
5. 《中國文獻學新探》，洪湛侯，臺北市，臺灣學生書局，1992 年 9 月。
6. 《中國古文獻學史》，孫欽善，北京市，中華書局，1994 年 2 月。
7. 《文獻學，劉兆祐》，臺北市，三民書局，2007 年 3 月。
8. 《文獻學專題史略》，高尚榘主編，濟南市，齊魯書社，2007 年 12 月。
9. 《古今典籍聚散考》，陳登原，臺北市，河洛出版社，1979 年 5 月。

（六）目錄學

1. 《中國目錄學史》，姚名達，臺北市，臺灣商務印書館，2002 年 5 月。
2. 《目錄學》，姚名達，臺北市，臺灣商務印書館，1971 年 7 月。
3. 《目錄學發微》，余嘉錫，成都市，巴蜀書社，1991 年 5 月。
4. 《中國目錄學史》，姚名達，臺北市，臺灣商務印書館，1971 年 1 月。
5. 《校讎目錄學纂要》，蔣伯潛，北京市，北京大學出版社，1990 年 5 月。
6. 《中國目錄學研究》，胡楚生，臺北市，華正書局，1980 年 4 月。
7. 《古典目錄學淺說》，來新夏，北京市，中華書局，1981 年 10 月。
8. 《目錄學概論》，目錄學概論編寫委員會，北京市，中華書局 1982 年 3 月。
9. 《中國目錄學》，昌彼得、潘美月，臺北市，文史哲出版社，1986 年 9 月。
10. 《目錄學》，彭斐年、喬好勤，武漢市，武漢大學出版社，1986 年 12 月。
11. 《目錄學與工具書》，臺北市，木鐸出版社，1987 年 7 月。
12. 《校讎廣義（目錄編)》，程千帆、徐有富，濟南市，齊魯書社，1988 年 8 月。
13. 《古典目錄學》，來新夏，北京市，中華書局，1991 年 3 月。
14. 《中國目錄學史》，喬好勤，武漢市，武漢大學出版社，1992 年 6 月。
15. 《中國目錄學史論叢》，王重民著，北京市，中華書局，1984 年 12 月。
16. 《中國歷史書籍目錄學》，陳秉才、王錦貴，北京市，書目文獻出版社，1981 年 5 月。
17. 《古籍重要目錄書析論》，田鳳臺，臺北市，黎明文化事業公司，1990 年 10 月。

18. 《中國目錄學史》，李瑞良，臺北市，文津出版社，1993 年 5 月。

19. 《中國目錄學理論》，周彥文，臺北市，臺灣學生書局，1995 年 9 月。

20. 《中國目錄學》，劉兆祐，臺北市，五南圖書公司，2002 年 3 月。

21. 《劉咸炘論目錄學》，劉咸炘，上海市，上海科學技術文獻出版社，2008 年 1 月。

22. 《中國目錄學》，胡楚生，臺北市，文史哲出版社，1995 年 9 月。

23. 《漢書藝文志注釋彙編》，陳國慶，臺北市，木鐸出版社，1983 年 9 月。

24. 《漢書藝文志研究源流考》，傅榮賢，合肥市，黃山書社，2007 年 4 月。

（七）版本學

1. 《中國書史》，查猛濟、陳彬龢，臺北市，文史哲出版社，1977 年 1 月。

2. 《圖書版本學要略》，屈萬里、昌彼得著，潘美月增訂，臺北市，中國文化大學出版部，1986 年 10 月。

3. 《歷代圖書版本志要》，羅錦堂，臺北市，中華叢書委員會，1958 年 5 月。

4. 《中國古代書籍史話》，劉國鈞，北京市，中華書局，1972 年 9 月。

5. 《古書版本常談》，毛春翔，上海市，上海人民出版社，1977 年。

6. 《古書版本學》，毛春翔，臺北市，洪氏出版社，1974 年 9 月。

7. 《中國古代書史》，錢存訓，香港，中文大學，1975 年 3 月。

8. 《古籍版本鑑定叢談》，魏隱儒、王金雨，北京市，印刷工業出版社，1984 年 4 月。

9. 《中國古代書籍史》，李致忠，北京市，文物出版社，1985 年 12 月。

10. 《中國書史》，鄭如斯、蕭東發，北京市，書目文獻出版社，1987 年 6 月。

11. 《中國古籍版本概要》，施廷鏞，天津市，天津古籍出版社，1987 年 8 月。

12. 《中國古籍印刷史》，魏隱儒，北京市，印刷工業出版社，1988 年 5 月。

13. 《版本學概論》，戴南海，成都市，巴蜀書社，1990 年 4 月。

14. 《古書版本學概論》，嚴佐之，上海市，華東師範大學出版社，2008 年 10 月。

15. 《歷代刻書考述》，李致忠，成都市，巴蜀書社，1990 年 4 月。

16. 《古書版本學概論》，李致忠，北京市，書目文獻出版社，1990 年 8 月。

17. 《校讎廣義（版本編）》，程千帆、徐有富，濟南市，齊魯書社，1991 年 7 月。

18. 《中國古籍板本學》，曹之著，武漢市，武漢大學出版社，1992 年 5 月。

19. 《讀古書為什麼要講究板本》，屈萬里，中國圖書文獻學論集，臺北市，明文書局，1986 年 11 月。

（八）校讎學

1. 《斠讎學、校讎別錄》，王叔岷，北京市，中華書局，2007 年 6 月。
2. 《校讎學》，胡樸安、胡道靜，臺北市，臺灣商務印書館，1968 年 8 月。
3. 《校讎學史》，蔣元卿，合肥市，黃山書社，1985 年 12 月。
4. 《校勘學釋例》，陳垣，臺北市，臺灣學生書局，1971 年 4 月，上海市，上海書店出版社，1997 年 7 月。
5. 《斠讎通論》，阮廷焯，臺北市，中國學典出版社，1967 年 9 月。
6. 《校勘學史略》，趙仲邑，長沙市，岳麓書社，1983 年 1 月。
7. 《校勘學概論》，戴南海，西安市，陝西人民出版社，1986 年 5 月。
8. 《校勘學大綱》，倪其心，北京市，北京大學出版社，2004 年 7 月。
9. 《校勘述略》，王雲海、裴汝成，開封市，河南大學出版社，1988 年 6 月。
10. 《校勘學綱要》，謝貴安，武漢市，武漢工業大學出版社，1989 年 5 月。
11. 《校勘學》，管錫華，合肥市，安徽教育出版社，1991 年 7 月。
12. 《漢語古籍校勘學》，管錫華，成都市，巴蜀書社，2003 年 12 月。

（九）史　學

1. 《秦史》，王蘧常，上海市，上海古籍出版社，2000 年 12 月。
2. 《史微》，張爾田，上海市，上海書店出版社，2006 年 1 月。

（十）諸子學

1. 《諸子學派要詮》，王蘧常，上海市，上海書店，1987 年 12 月。

（十一）人　物

1. 《章氏遺書》，章學誠，臺北市，漢聲出版社，1973 年 1 月。
2. 《章學誠和文史通義》，倉修良，北京市，中華書局，1984 年 12 月。
3. 《章學誠評傳》，倉修良、葉建華，南京市，南京大學出版社，1996 年 3 月。
4. 《論戴震與章學誠》，余英時，上海市，生活・讀書・新知三聯書店，2000 年 6 月。
5. 《沈曾植年譜長編》，許全勝，北京市，中華書局，2007 年 8 月。
6. 《大儒沈子培》，西本省三，上海市，春申社，1928 年 8 月。
7. 《沈曾植集校注》，錢仲聯，北京市，中華書局，2001 年 12 月。
8. 《劉承幹與嘉業堂》，李性忠，北京市，文物出版社，1994 年 6 月。
9. 《緣督廬日記》，葉昌熾，臺北市，臺灣學生書局，1964 年 12 月。
10. 《吳宓日記》，吳宓著、吳學昭整理，北京市，生活・讀書・新知三聯書

店，1998 年 5 月。

11. 《南朝宋鮑明遠先生照年譜》，王蘧常，臺北市，臺灣商務印書館，1982
年 10 月。

四、論　文

1. 〈本會紀事〉・總會，孔教會雜誌，1 卷 1 號，1913 年 2 月。

2. 〈本會紀事〉・總會，孔教會雜誌，1 卷 5 期，1913 年 6 月。

3. 〈本會紀事〉，亞洲學術研究會雜誌，1 卷 1 期，1921 年 8 月。

4. 〈與王靜庵論今文學家書〉，張爾田，學衡，23 期，1923 年 11 月，文苑
文錄，頁 3～4。

5. 〈1926 年始刊詞〉，顧頡剛，北京大學研究所國學門周刊，2 卷 13 期，1926
年 1 月，頁 1～3。

6. 〈嘉興沈寐叟先生年譜初稿〉，王蘧常，東方雜誌，26 卷 16 號，1929 年
8 月，頁 63～74。

7. 〈唐蔚芝先生演講錄〉・孟子大義，唐文治，國學論衡，7 期，1933 年 12
月，講壇，頁 13～18。

8. 〈論學書五首〉，張爾田，學術世界，1 卷 8 期，1936 年 1 月，頁 91。

9. 〈元和孫先生行狀〉，王蘧常，大夏周報，12 卷 9 期，1935 年 12 月。

10. 〈孫隘堪年譜大綱〉，吳丕績，大夏周報，12 卷 9 期，1935 年 12 月。

11. 〈元和孫先生行狀〉，王蘧常，大夏周報，12 卷 9 期，1935 年 12 月。

12. 〈孫隘堪先生哀辭〉，王蘧常，大夏周報，12 卷 9 期，1935 年 12 月。

13. 〈記孫益安先生〉，陳柱，大夏周報，12 卷 9 期，1935 年 12 月。

14. 〈祭孫益庵先生文〉，陳柱，大夏周報，12 卷 9 期，1935 年 12 月。

15. 〈孫隘堪先生哀辭〉，王蘧常，大夏周報，12 卷 9 期，1935 年 12 月。

16. 〈悼孫德謙先生〉，顧名，大夏周報，12 卷 9 期，1935 年 12 月。

17. 〈孫隘堪年譜初稿〉，吳丕績，學海，創刊號，1944 年 7 月。

18. 〈中國目錄學的歷史特性：略考中國目錄類例之衍變〉，盧荷生，輔仁學
誌：文學院之部，15 卷，1986 年 6 月，頁 193～209。

19. 〈目錄學源流舉要〉，黃公偉，人文學報（輔大），2 期，1972 年 1 月，頁
371～376。

20. 〈目錄學的體制（上）〉，昌彼得，國立故宮博物院圖書季刊，1 卷 3 期，
1971 年 1 月，頁 39～44。

21. 〈清代的目錄學〉，昌彼得，圖書館學刊（輔大），2 期，1973 年 6 月，頁
8～14。

22. 〈近八十年來目錄學、校勘學、版本學研究書目解題〉（上），黃鎮偉，中國書目季刊，28 卷 3 期，1994 年 12 月，頁 42～55。

23. 〈近八十年來目錄學、校勘學、版本學研究書目解題〉（下），黃鎮偉，中國書目季刊，28 卷 4 期，1995 年 3 月，頁 43～57。

24. 〈從古典目錄略論當代我國目錄學之發展〉，鄭恒雄，佛教圖書館館訊，29 期，2002 年 3 月，頁 6～14。

25. 〈鄭樵及其目錄學〉，應裕康，故宮學術季刊，10 卷 3 期，1993 年 3 月，頁 95～130。

26. 〈鄭樵目錄學析評〉，田鳳臺，復興崗學報，31 卷，1984 年 6 月，頁 407～427。

27. 〈鄭樵的目錄學〉，古國順，國立中央圖書館館刊，11 卷 1 期，1978 年 6 月，頁 35～47。

28. 〈鄭樵在文獻學上的成就〉，曾怡芬，史學史研究，1993 年 1 期，1993 年，頁 57～63 轉 56。

29. 〈漢書藝文志舉例〉，李笠，國立武漢大學文哲季刊，1 卷 1 期，1930 年 4 月，書評，頁 225～235。

30. 〈歷代漢書藝文志研究綜述〉，諶三元，圖書館，2000 年 2 期，2000 年 4 月，頁 38～41。

31. 〈十五年來之校讎學〉，葉長青，學術世界，1 卷 12 期，1936 年 7 月，頁 14～16。

32. 〈20 世紀上半期有關校讎學定義的辨析〉，李曉明，華中科技大學學報，（社會科學版），2007 年 5 期，頁 94～99。

33. 〈七十年代末以來大陸校勘學研究綜論〉，管錫華，漢學研究通訊，21 卷 3 期，2002 年 8 月，頁 1～11。

34. 〈校讀法的概念、範圍與條件〉，趙逵夫，古籍整理研究學刊，2007 年 3 期，2007 年 5 月，頁 1～4 轉 7。

35. 〈琳琅萬卷、中樞玄覽——從國立中央圖書館的善本書淺談有關善本書的基本知識〉，劉兆祐，幼獅月刊，361 期，1983 年 1 月，頁 53。

36. 〈海上三君，羅繼祖，社會科學戰線〉，1980 年 4 期，1980 年 4 月，頁 214。

37. 〈陳柱學術年譜〉，張京華、王玉清，廣西社會科學，2007 年 2 期（總 140 期），2007 年 2 月，頁 104。

38. 〈章學誠研究述論——前人所撰有關章學誠對史學、方志學及目錄學之貢獻及影響述論〉，黃兆強，東吳歷史學報 11 卷，2004 年 6 月，頁 303～327。

39. 〈章學誠的目錄學〉，劉清，聯合書院學報，9 期，1971 年，頁 177～188。

40. 〈章實齋之校讎學〉，賴哲信，實踐學報，21 期，1990 年 6 月，頁 31～53。

41. 〈章氏遺書與章實齋年譜〉，錢婉約，武漢大學學報，哲學社會科學版，1996 年 5 期，頁 91～97。

42. 〈章學誠的方志學〉，倉修良，文史哲，1980 年 4 期，頁 52。

43. 〈從胡譜到姚譜：近代第一本域內章譜的問世及其後史〉，王信凱，胡適與近代中國學術研討會會議論文，2007 年 5 月 4 日。

44. 〈「學衡派」與 20 年代的國學研究〉，高恒文，中國現代文學研究叢刊，2001 年 3 期，頁 145～160。

45. 〈「我的朋友胡適之」：1920 年代的胡適與清室及其遺民〉，林志宏，胡適與近代中國學術研討會會議論文，2007 年 5 月 4 日。

46. 〈胡玉縉與余嘉錫——兩位傑出的目錄學家〉，胡楚生，書和人，381 期，1980 年 1 月，頁 1～4。

47. 〈劉向在整理文獻方面的主要貢獻〉，梅傑，政史交流，頁 107，2007 年 1 月。

48. 〈無方之方：胡適一輩子談治學與科學方法平議〉，葉其忠，胡適與近代中國學術研討會會議論文，2007 年 5 月 4 日。

49. 〈二段「雙飛」（同登第）與「二妙」之譽不同時〉，索寶祥，晉陽學刊，1997 年 6 期，頁 103 轉 105。

50. 〈二妙論考〉，劉達科，風梧，山西大學學報（哲學社會科學版），1993 年 3 期，頁 31～37。

三、學位論文

1. 〈余嘉錫的目錄學研究〉，劉正元，臺北市立師範學院應用語言文學研究所，2001 年。

2. 〈漢書藝文志研究——以六藝略爲中心〉，尹海江，浙江大學人文學院博士論文，2007 年 4 月 19 日。

3. 〈章學誠撰寫傳記之研究〉，許晉溢，中國文化大學史學研究所碩士論文，1997 年。

4. 〈論章學誠的方志理論與「方志學」〉，宋天瀚，中國文化大學史學研究所碩士論文，1996 年。

5. 〈章學誠的歷史構想與比較研究〉，宋家復，國立臺灣大學歷史研究所碩士論文，1991 年。

6. 〈清章實齋六經皆史說研究〉，林釗誠 國立高雄師範大學中國文學研究所碩士論文，1994 年。

7. 〈章學誠方志學研究〉，呂敏慧，國立臺灣大學中國文學研究所碩士論文，1994 年。

8. 〈章學誠「六經皆史」說之理論與實踐——以方志編纂爲考察重點〉，蔡琳堂，淡江大學中國文學系碩士論文，2002 年。

9. 〈章學誠歷史、文化哲學研究〉，朱敬武，輔仁大學哲學研究所博士論文，1995 年。